Die Zwangserziehung Minderjähriger

und

der zur Zeit hierüber vorliegende

Preussische Gesetzentwurf.

Von

Dr. P. F. Aschrott,
Landgerichtsrath in Berlin.

Berlin 1900.
J. Guttentag, Verlagsbuchhandlung.
G. m. b. H.

Vorwort.

Wer sich, wie ich es seit einer langen Reihe von Jahren gethan, mit der Behandlung der verwahrlosten Jugend eingehend beschäftigt hat, wird grosse Freude darüber empfinden, dass wir jetzt in Deutschland, angeregt durch die neuen Bestimmungen des Bürgerlichen Gesetzbuchs, auf diesem wichtigen Gebiete einen guten Schritt vorwärts zu kommen im Begriffe stehen. Mit diesem Gefühle habe ich insbesondere den jetzt von der preussischen Staatsregierung vorgelegten Entwurf eines Gesetzes über die Zwangserziehung Minderjähriger begrüsst: enthält er doch gegenüber dem bisherigen Rechtszustande erhebliche Fortschritte.

Freilich, je mehr ich mich in den Entwurf vertiefte, um so grösser wurden meine Zweifel, ob hier überall das Richtige getroffen worden ist. Ich glaubte deshalb, meine diesbezüglichen Bedenken in einem Vortrage, den ich am 10. Februar 1900 in der Juristischen Gesellschaft zu Berlin über den Entwurf gehalten, offen zum Ausdruck bringen zu sollen.

Diesen Vortrag übergebe ich hiermit der Oeffentlichkeit, mit dem Wunsche, dass sich weitere Kreise mit dem für unsere Zukunft so wichtigen Probleme, das jetzt zur Lösung den gesetzgebenden Faktoren Preussens vorliegt, beschäftigen mögen

Freilich verkenne ich nicht, dass diese Beschäftigung keine ganz leichte Aufgabe ist: gilt es doch, sich dabei über die bereits vorhandenen, an vielen Stellen verstreuten reichsgesetzlichen Bestimmungen und darüber klar zu sein, inwieweit die Landesgesetzgebung überhaupt befugt ist, auf diesem Gebiete einzuschreiten! Ich bin deshalb auch in meinem Vortrage besonders ausführlich auf das Verhältniss der Reichs- zur Landesgesetzgebung bei der Zwangserziehung eingegangen; ich hoffe, dass meine hierüber S. 5—16 gemachten Ausführungen einen, auch für den Nichtjuristen brauchbaren Wegweiser abgeben werden.

Dem Vortrage habe ich eine grössere Anzahl Anmerkungen hinzugefügt, in denen ich auf Einzelfragen näher eingegangen bin, als mir dies bei der für den Vortrag zur Verfügung stehenden Zeit möglich war. Im Anhang ist ferner der Text der Regierungsvorlage abgedruckt; ich erlaube mir, in Noten zu den einzelnen Paragraphen auf die einschlagenden Stellen des Vortrags hinzuweisen und noch einige weitere kritische Bemerkungen beizufügen.

Berlin, Februar 1900.

Dr. Aschrott.

Vor acht Jahren habe ich in dieser selben Gesellschaft bereits einmal einen Vortrag über die Behandlung der verwahrlosten Jugend gehalten.[1]) Mein damaliger Vortrag umfasste aber ein weiteres Gebiet, als mein heutiger, nämlich insofern, als ich damals über die verwahrloste Jugend im Zusammenhange mit der verbrecherischen Jugend sprach. Damals war es nothwendig, diesen Zusammenhang und die engen Beziehungen, welche zwischen der Verwahrlosung der Jugend und der allgemeinen Kriminalität bestehen, scharf zu betonen, denn der damals allein vorliegende erste Entwurf des B.G.B. hatte, unter Ausserachtlassung dieses Zusammenhangs und unter übermässiger Betonung der Rechte der elterlichen Gewalt, ein staatliches Einschreiten zum Schutze des verwahrlosten oder gefährdeten Kindes, abgesehen von den im § 55 und § 56 R.Str.G.B. vorgesehenen Fällen, nur beim Vorliegen eines Verschuldens des Inhabers der elterlichen Gewalt zugelassen.

Es ist Ihnen bekannt, dass die zweite Kommission, den Anschauungen moderner Sozialpolitik folgend,[2]) dies Ver-

---

[1]) Der Vortrag ist in erweiterter Form unter dem Titel „Die Behandlung der verwahrlosten und verbrecherischen Jugend und Vorschläge zur Reform" im Verlage von Otto Liebmann, Berlin 1892 erschienen.

[2]) Wie sehr die zweite Kommission gerade bei der Berathung dieser Materie den Gedanken im Auge hatte, dass, wer für seine Zeit arbeiten will, stets auch die Erscheinungen seiner Zeit zu berücksichtigen hat, geht aus den umfangreichen und interessanten Protokollen zu den einschlägigen Paragraphen klar hervor. Es wird hier immer wieder und wieder betont, wie die wirthschaftliche Entwickelung der Neuzeit und die soziale Gestaltung unseres Volkslebens dahin geführt hat, dass einerseits die Eltern in weit höherem Masse als früher genöthigt sind, ihren Erwerb ausserhalb des Hauses in Fabriken zu

schuldungsprinzip aufgab und, im Verfolg des von ihr anerkannten Prinzips, dass das Recht der Eltern, auf die Erziehung ihrer Kinder bestimmend einzuwirken, seine Grenzen finde, in dem Rechte des Staates, „die Erziehung der Jugend zu überwachen und dafür zu sorgen, dass jeder Einzelne die moralische Qualifikation besitze, die das Leben von ihm verlangt", ein staatliches Einschreiten in jedem Falle sittlicher Verwahrlosung eines Kindes zuliess. (Abs. 2 des § 1643 der Reichstags-Vorlage.)[3]) Es ist Ihnen aber auch bekannt, dass der Reichstag sich diesem Vorschlage nicht anschloss und den fraglichen Absatz 2 wieder strich, dass es aber dann, insbesondere nach dem energischen Eintreten der Bundesraths-Bevollmächtigten Badens und Hessens, welche die günstigen Erfolge der in diesen Staaten bereits bestehenden weitgehenden Befugnisse zum staatlichen Einschreiten gegen Verwahrlosung vorführten, gelang, die Vorschriften, welche als reichsgesetzliche abgelehnt worden waren, der Landesgesetzgebung zur Einführung freizugeben. Nach harten Kämpfen kam schliesslich der wichtige Artikel 135 des E.G. zum B.G.B. in der Fassung zur Annahme, welche der Reichtagsabgeordnete Professor Enneccerus vorgeschlagen hatte.

Und gleich hier, am Anfang meines Vortrages, möchte ich meiner freudigen Genugthuung Ausdruck geben, dass kein deutscher Bundesstaat es sich hat nehmen lassen, von

---

suchen, und dass dadurch die Möglichkeit der Ausübung einer strengen elterlichen Zucht über die Kinder erheblich herabgemindert ist, und dass andrerseits ein immer grösserer Theil der Jugendlichen, eben der Schule entwachsen, der festgefügten Ordnung des Hauses und der Familie, welche sie früher schützend umgeben hatte, entzogen wird und zügellos in das Leben hineinstürmt. Gerade diese veränderten sozialen Verhältnisse erfordern ein weitergehendes Eingreifen der staatlichen Gewalt zum Schutze der Zukunft, zur sittlichen Hebung unseres Volkes.

[3]) Der Absatz 2 des § 1643 lautete: „Das Gleiche gilt" — scil. das Vormundschaftsgericht kann die erforderlichen Massregeln treffen — „wenn das Kind sittlich verwahrlost und nach der Persönlichkeit und den Lebensverhältnissen des Vaters anzunehmen ist, dass die elterliche Erziehungsgewalt zur Besserung des Kindes nicht ausreicht."

diesem reichsgesetzlichen Vorbehalte Gebrauch zu machen. In den meisten Bundesstaaten ist die Neuregelung der Zwangserziehung[4]) in den Ausführungsgesetzen zum B.G.B. erfolgt und mit diesem am 1. Januar 1900 in Kraft getreten. Aber, auch in der Mehrzahl derjenigen Bundesstaaten, welche die Regelung der Materie besonderen Gesetzen vorbehalten hatten, ist es gelungen, diese Gesetze bereits am 1. Januar 1900 in Kraft treten zu lassen; den Reigen dieser Staaten eröffnet das kleine Fürstenthum Schwarzburg-Rudolstadt mit einem Gesetze vom 20. Dezember 1896 und ihn schliesst das Königreich Württemberg mit einem vortrefflich gearbeiteten Gesetze vom 29. Dezember 1899.[5]) Und, von denjenigen Staaten, welche noch im Rückstande sind, hat der grösste, das Königreich Preussen, gleich zu Beginn der Session im Januar 1900 einen Gesetzentwurf dem preussischen Herrenhause vorgelegt. Dieser Entwurf, welcher von der Herrenhaus-Kommission bereits in erster Lesung durchberathen ist, soll uns heute speziell beschäftigen.

Um die landesgesetzlichen Bestimmungen aber richtig beurtheilen zu können, erscheint es mir nothwendig, Ihnen, wenn auch nur kurz, zunächst die an vielen Stellen verstreuten reichsgesetzlichen Bestimmungen über die Materie in übersichtlicher Form vorzuführen. Vielleicht gelingt es mir dabei auch, Sie davon zu überzeugen, dass die vielfach gegen den Reichstag erhobenen Vorwürfe über die von ihm beliebte Regelung der Sache nicht ganz gerechtfertigt sind.

---

[4]) Die Nothwendigkeit der Neuregelung der Materie ergab sich auch für diejenigen Bundesstaaten, welche schon früher ein weitgehendes staatliches Einschreiten zum Schutze der verwahrlosten und gefährdeten Jugend eingeführt hatten, wie besonders Baden, Hessen, Hamburg, weil die bisherigen Gesetze mit dem Sprachgebrauche des B.G.B. in Uebereinstimmung gebracht werden mussten; dabei ist dann aber gleichzeitig die Altersgrenze, bis zu welcher die Zwangserziehung angeordnet werden kann, erhöht worden.

[5]) In der Anlage 3 zu dem preuss. Gesetzentw. ist irrthümlich angegeben, dass Schwarzburg-Rudolstadt gesetzliche Bestimmungen über Zwangserziehung nicht erlassen habe; auch ist als das Datum des Württembergischen Gesetzes unrichtig der 6. Dezember 1899 genannt.

Der Begriff „Zwangserziehung" ist vom B.G.B. nicht geregelt; das Wort selbst findet sich überhaupt nicht im B.G.B. Das B.G.B. spricht vielmehr nur von „Unterbringung in einer geeigneten Familie oder in einer Erziehungsanstalt oder in einer Besserungsanstalt zum Zwecke der Erziehung". Diese Massregel wird ausdrücklich angeführt in den §§ 1666 und 1838; sie findet sich aber auch in den Materialien zu dem jetzigen § 1631 erwähnt.

Dieser letztere Paragraph bestimmt im Absatz 2, dass das Vormundschaftsgericht den Vater auf dessen Antrag in dem Erziehungsrechte durch Anwendung geeigneter Zuchtmittel zu unterstützen hat, und dazu wird, insbesondere in den Protokollen der zweiten Kommission, bemerkt, dass die Unterstützung auch in der Unterbringung des Kindes in einer Anstalt oder in einer Familie bestehen kann. Es entspricht dies den Bestimmungen der §§ 87—89 A.L.R. II. 2 und enthält also für uns nichts Neues.

Auch in dem § 1666 begrüssen wir Landrechtler einen alten Bekannten, allerdings im neuen Gewande; während in den §§ 90, 91 A.L.R. II. 2 das Einschreiten des Vormundschaftsgerichts angeordnet war, wenn die Eltern ihre Kinder „grausam misshandeln oder zum Bösen verleiten oder ihnen den nöthigen Unterhalt versagen", lautet § 1666 Abs. 1:

> „Wird das geistige oder leibliche Wohl des Kindes dadurch gefährdet, dass der Vater das Recht der Sorge für die Person des Kindes missbraucht, das Kind vernachlässigt oder sich eines ehrlosen oder unsittlichen Verhaltens schuldig macht, so hat das Vormundschaftsgericht die zur Abwendung der Gefahr erforderlichen Massregeln zu treffen. Das Vormundschaftsgericht kann insbesondere anordnen, dass das Kind zum Zwecke der Erziehung in einer geeigneten Familie oder in einer Erziehungsanstalt oder einer Besserungsanstalt untergebracht wird."

Man sieht ohne weiteres, dass die drei hier für den Fall der Gefährdung des Kindes aufgestellten Thatbestände erheblich weiter gefasst sind, als es nach dem A.L.R. der Fall war. Weit durchgreifender ist aber die Veränderung, die durch diese Bestimmung des B.G.B. in den anderen Rechtsgebieten eingeführt wird. Das französische Recht enthält überhaupt keine Bestimmung, durch die dem Kinde Schutz gegen schuldhaftes Verhalten des Inhabers der elterlichen Gewalt gewährt wird, und das gemeine Recht kennt für diesen Fall nur eine Entziehung der Erziehungsgewalt im Wege des Prozesses.[6])

Die Bestimmungen der §§ 1631 und 1666 gelten nun in gleicher Weise wie für den Vater auch für die Mutter, falls diese die elterliche Gewalt ausübt (§ 1686). Die Bestimmung des § 1666 gilt ferner auch für den Fall, dass Vater oder Mutter zwar nicht die elterliche Gewalt, wohl aber die Sorge für die Person des Kindes zusteht (§ 1838 Satz 2). Der praktisch wichtigste Fall hierfür liegt bei dem unehelichen Kinde vor, für das, da die Mutter die elterliche Gewalt hier nicht hat, ein Vormund zu bestellen ist, neben dem aber die Mutter das Recht und die Pflicht behält, für die Person des Kindes zu sorgen (§ 1707).

Während in den Fällen des § 1666 die Unterbringung des Kindes nur bei Vorliegen eines Verschuldens desjenigen Elterntheiles, dem die Sorge für die Person des Kindes zusteht, zulässig ist, lässt nun § 1838 diese Massregel gegen den Vormund ohne jede Einschränkung zu (§ 1838 Satz 1). Damit ist dem Vormundschaftsgerichte ein über das bisherige Recht hinausgehender, sehr weitreichender Eingriff in die sonst dem Vormund selbständig zustehende Erziehungsgewalt (§§ 1793, 1800) gegeben.[7])

[6]) Mit Recht wird gegen diese Regelung im gemeinen Rechte von der zweiten Kommission angeführt, dass dadurch lang dauernde und gehässige, den Familienfrieden zerstörende Prozesse veranlasst werden.

[7]) In den Protokollen der zweiten Kommission wird dies damit gerechtfertigt, dass bei Kindern, welche keine, die Sorge für ihre Person wahrnehmenden Eltern besitzen, ein öffentliches Interesse vorliegt, hier zur Verhütung einer Verwahrlosung des Kindes energischer und ohne Rücksicht darauf, ob sich der Vormund einer Pflichtwidrigkeit schuldig gemacht hat, einzugreifen.

Soweit die Bestimmungen des B.G.B. Neben denselben bleiben noch die Bestimmungen der §§ 55, 56 R.Str.G.B. in Kraft über die Zulässigkeit der Unterbringung von Kindern, welche eine strafbare Handlung begangen haben und entweder zur Zeit der Begehung der Handlung das strafmündige Alter noch nicht erreicht oder die zur Erkenntniss ihrer Strafbarkeit erforderliche Einsicht nicht besessen haben. Dabei ist darauf hinzuweisen, dass im ersteren Falle (dem des § 55) das Reichsstrafgesetzbuch die Zulässigkeit der Unterbringung nicht selbst ausspricht, sondern die diesbezüglichen Vorschriften der Landesgesetzgebung überlässt.

Und nun kommt endlich der wichtige Artikel 135 des E.G. zum B.G.B. Er lautet:

„Unberührt bleiben die landesgesetzlichen Vorschriften über die Zwangserziehung Minderjähriger. Die Zwangserziehung ist jedoch, unbeschadet der Vorschriften der §§ 55, 56 des Strafgesetzbuchs nur zulässig, wenn sie von dem Vormundschaftsgericht angeordnet wird. Die Anordnung kann ausser den Fällen der §§ 1666, 1838 des Bürgerlichen Gesetzbuchs nur erfolgen, wenn die Zwangserziehung zur Verhütung des völligen sittlichen Verderbens nothwendig ist.

Die Landesgesetze können die Entscheidung darüber, ob der Minderjährige, dessen Zwangserziehung angeordnet ist, in einer Familie oder in einer Erziehungs- oder Besserungsanstalt unterzubringen sei, einer Verwaltungsbehörde übertragen, wenn die Unterbringung auf öffentliche Kosten zu erfolgen hat.“

Hier kommt zum ersten Male der Ausdruck Zwangserziehung vor. Und, diesen Begriff möchte ich gleich hier, unter Berücksichtigung der angeführten Gesetzesbestimmungen, dahin definiren: Zwangserziehung ist die auf Grund gesetzlicher Bestimmungen durch das Gericht angeordnete und durch staatliche Organe ausgeführte oder wenigstens in ihrer Ausführung beaufsichtigte öffentliche Erziehung eines Minderjährigen durch zwangsweise Unterbringung in einer Familie oder in einer Erziehungs- oder Besserungsanstalt.

Nach dem Artikel 135, im Zusammenhange einerseits mit Art. 3 des E.G. zum B.G.B., andrerseits mit den Art. 189 und 200 Abs. 1 des Reichsgesetzes über die Angelegenheiten der freiwilligen Gerichtsbarkeit, ist die Landesgesetzgebung nunmehr in der Regelung des Zwangserziehungswesens völlig frei mit drei Ausnahmen:

a) sie kann den Kreis der Minderjährigen, bei welchen Zwangserziehung zulässig sein soll, über die angeführten reichsgesetzlichen Fälle hinaus nur ausdehnen auf solche Fälle, bei denen diese Massregel zur Verhütung des völligen sittlichen Verderbens des Kindes nothwendig ist;

b) die Landesgesetzgebung kann das Verfahren über die Anordnung der Zwangserziehung ganz frei und abweichend von den Bestimmungen des Reichsgesetzes über die freiwillige Gerichtsbarkeit regeln, nur muss — abgesehen von dem Falle des § 56 R.Str.G.B. — die Anordnung der Zwangserziehung immer vom Vormundschaftsgerichte ausgehen;

c) die Landesgesetzgebung hat über die Art der Ausführung und Durchführung der Zwangserziehung frei zu bestimmen, insbesondere auch darüber, welcher Behörde die Ausführung übertragen werden soll und von wem die Kosten der Durchführung bestritten werden sollen; doch darf sie die Entscheidung darüber, ob der Minderjährige in einer Familie oder in einer Anstalt unterzubringen ist, einer Verwaltungsbehörde nur dann übertragen, wenn die Unterbringung auf öffentliche Kosten geschieht. Soweit die Unterbringung nicht auf öffentliche Kosten erfolgt, ist diese Entscheidung Sache des Vormundschaftsgerichts.

Sie sehen, meine Herren, es ist der Landesgesetzgebung ein weites Feld der Bethätigung gegeben. Vielleicht wenden Sie ein: ein zu weites, und es ist dies der Vorwurf, auf den ich vorhin anspielte, und den ich nicht als ganz gerechtfertigt bezeichnete. Denn wir müssen dabei im Auge behalten, dass das B.G.B. nur das Privatrecht regeln wollte und ein Eingreifen in das öffentliche Recht ängstlich zu vermeiden bestrebt war, ja, von einem Hinübergreifen in das öffentliche Recht selbst da absieht, wo Normen des Privatrechts in unmittelbarer Verbindung mit Normen des öffentlichen Rechts in Betracht kommen. Man mag diesen Standpunkt für einen unrichtigen halten, aber man darf der Mehrheit des Reichstages keinen Vorwurf daraus machen, wenn sie diesen, einmal vom B.G.B. eingenommenen Standpunkt auch bei der Materie der Zwangserziehung zur Geltung gebracht und es deshalb insbesondere abgelehnt hat, von Reichs wegen Bestimmung darüber zu treffen, inwieweit dem Staate ein mit dem Rechte der Eltern konkurrirendes Erziehungsrecht zuzugestehen sei, die Bestimmung hierüber vielmehr der Landesgesetzgebung überliess. In den drei oben angeführten Fällen, in denen die Massregel vom B.G.B. für zulässig erklärt ist (§§ 1631, 1666, 1838), entspringt das Einschreiten des Vormundschaftsgerichts aus dem Begriffe der Obervormundschaft und musste deshalb vom Standpunkte des Privatrechts geregelt werden. Der Anschauung, dass ein weitergehendes Einschreiten aus sozialpolitischen Gründen wünschenswerth sei, hat sich der Reichstag keineswegs verschlossen; aber, er hat dies weitergehende Einschreiten, da es aus Gründen des öffentlichen Interesses, vom Standpunkte des öffentlichen Rechts erfolgt, der Landesgesetzgebung überlassen. Und das entspricht völlig der allgemeinen Tendenz des B.G.B.

Ja, ich gehe noch einen Schritt weiter und behaupte, dass die Schranke, welche Abs. 2 des Art. 135 des E.G. der landesgesetzlichen Bestimmung über die Ausführung der Zwangserziehung gezogen hat, von der allgemeinen Tendenz des B.G.B. aus nicht gerechtfertigt war. Die Anordnung, dass die Entscheidung über die Art der Unterbringung des Minderjährigen von der Landesgesetzgebung nur dann einer

Verwaltungsbehörde übertragen werden kann,[8]) wenn die Zwangserziehung auf öffentliche Kosten erfolgt, hat die Landesgesetzgebung geradezu in eine Zwangslage gebracht.

Denn, streng genommen müsste diese Anordnung dazu führen, dass das Vormundschaftsgericht in jedem einzelnen Falle bei dem Beschlusse über die Zwangserziehung die Vermögensverhältnisse des Minderjährigen bezw. der Personen, die zu seinem Unterhalte verpflichtet sind, genau festzustellen hätte, und dass je nach dem Ergebnisse dieser Feststellung die Bestimmung über die Art der Zwangserziehung entweder vom Vormundschaftsgerichte oder von der Verwaltungsbehörde zu erfolgen hätte. Dass eine solche genaue Feststellung der Vermögensverhältnisse schwer ausführbar, und dass eine derartige Zweitheilung des Verfahrens irrationell sein würde, liegt auf der Hand. Nehmen Sie nur folgenden einfachen Fall. Das Vormundschaftsgericht ist zu der Feststellung gelangt, dass nach den Vermögensverhältnissen des Minderjährigen oder der Unterhalts-Ver-

---

[8]) Dass es an sich das Rationelle ist, die Ausführung der Zwangserziehung einer Verwaltungsbehörde zu übertragen, bedarf kaum einer weiteren Erörterung. Die Bezirke der meisten Vormundschaftsgerichte sind viel zu klein, als dass der Vormundschaftsrichter für eine geeignete Unterbringung des Zwangszöglings innerhalb seines Bezirkes Sorge tragen könnte; kommt es doch bei der Ausführung der Zwangserziehung vor Allem darauf an, zu individualisiren; dazu aber gehört eine reiche Auswahl an Anstalten und Familien, in denen ein Zwangszögling untergebracht werden kann. Aber abgesehen hiervon, ist die Ausführung der Zwangserziehung überhaupt keine Aufgabe richterlicher Thätigkeit, sondern ein administrativer Akt. Damit soll jedoch keineswegs gesagt sein, dass sich der Vormundschaftsrichter um die Ausführung der von ihm angeordneten Massregel gar nicht kümmern sollte; im Gegentheil, ich würde es sehr bedauern, wenn der Vormundschaftsrichter, wie es leider beim Strafrichter der Fall ist, seine Aufgabe mit der von ihm getroffenen Entscheidung für erfüllt ansehen würde; und ich werde noch später darauf eingehen, dass besondere Vorkehrungen getroffen werden müssen, damit der Vormundschaftsrichter Kenntniss erhält, was aus dem Kinde wird und wie sich die angeordnete Zwangserziehung in der Praxis gestaltet. Nur wenn der Vormundschaftsrichter über die praktische Gestaltung der Zwangserziehung, und damit über ihr Wesen, unterrichtet ist, kann man erwarten, dass er bei der Anordnung dieser Massregel richtig verfahren wird. Aber, die Ausführung der Massregel als solche sollte nicht in seine Hand gelegt werden.

pflichteten die Kosten der Zwangserziehung aus den Mitteln dieser Personen bestritten werden können, und hat deshalb seinerseits Bestimmung dahin getroffen, dass das Kind in eine Anstalt gebracht wird. Nach einiger Zeit aber ändern sich diese Vermögensverhältnisse, oder es stellt sich heraus, dass von dem Unterhalts-Verpflichteten die Kosten nicht oder nicht ganz beigetrieben werden können. Dann müsste das Vormundschaftsgericht seinen Beschluss, dass das Kind in einer Anstalt untergebracht werde, aufheben, und die Sache zur anderweitigen Entscheidung an die Verwaltungsbehörde abgeben. Ein solches Verfahren würde in der Praxis die grössten Unzuträglichkeiten und Verschleppungen mit sich führen.

Um dem vorzubeugen, ist nun, und zwar soweit ich es übersehen kann, von allen Bundesstaaten der Ausweg[9]) getroffen, dass die Kosten der Zwangserziehung stets aus öffentlichen Mitteln zu tragen sind, und dass dabei nur ein Rückgriff auf das Vermögen des Minderjährigen oder der zu seinem Unterhalte Verpflichteten vorbehalten wird.[10])

---

[9]) Dieser Ausweg ist rechtlich nicht ganz unbedenklich; denn, wenn einmal, was allerdings sehr selten vorkommen wird, aber doch nicht ausgeschlossen ist, der Gesammtbetrag der für den Zwangszögling verauslagten Kosten in Folge des Rückgriffs aus dessen Vermögen oder von den Unterhaltsverpflichteten beigetrieben wird, so hat thatsächlich eine Unterbringung „auf öffentliche Kosten" nicht stattgefunden, und es wäre also der Fall des Abs. 2 des Art. 135 E.G. nicht gegeben. Doch konnte wohl mit Recht dies, aus dem Wortlaute des cit. Abs. 2 sich allerdings ergebende Bedenken unberücksichtigt bleiben, weil es nicht in Einklang zu bringen ist mit den Gesichtspunkten, welche nach den Materialien zum E.G. für die Aufnahme der Bestimmung massgebend waren.

[10]) Dass insbesondere von den Eltern des Zwangszöglings ein Beitrag zu den Kosten erfordert wird, erscheint von grundsätzlicher Bedeutung. Denn die Gefahr liegt sehr nahe, dass andernfalls in den Eltern das Gefühl der Verantwortlichkeit, für ihre Kinder zu sorgen, abgeschwächt würde, ja dass gewissenlose Eltern geradezu versuchen könnten, sich durch Vernachlässigung ihrer Kinder und die in Folge dessen eintretende Zwangserziehung der Sorge für die Kinder zu entledigen. Der Beitrag der Eltern wird je nach ihren Vermögens- und Lebensverhältnissen zu bemessen sein und sollte mit aller Energie beigetrieben werden; auch wenn die Summe, die schliesslich dabei herauskommt,

Da nun aber nach den thatsächlichen Verhältnissen derjenigen Kreise, aus denen die weitaus überwiegende Zahl der Zwangszöglinge hervorgehen wird, dieser Regressanspruch recht wenig bringen wird, so ist es nicht zu verwundern, dass die Frage auftauchte, ob es mit Rücksicht auf die Höhe der entstehenden Kosten der Zwangserziehung nicht angezeigt sei, den Kreis der Minderjährigen, bei denen Zwangserziehung auf öffentliche Kosten zulässig sein soll, von vorn herein enger zu ziehen, als es im B.G.B. geschehen ist. Dass dies an sich gesetzlich statthaft ist, kann nicht in Zweifel gezogen werden; denn das Reichsrecht bestimmt lediglich die Grenze, bis zu welcher ein Einschreiten des Vormundschaftsgerichtes gestattet sein soll; darüber, wer die Kosten, die durch dies Einschreiten entstehen, zu tragen hat, enthält es keine Bestimmung. Allerdings würde es andrerseits der Stellung des Bundesstaates zum Reiche wenig entsprechen, wenn der Bundesstaat sich um die Ausführung der vom Vormundschaftsgerichte auf Grund des Reichsrechts getroffenen Anordnung gar nicht kümmern und, wie es bisher in Preussen hinsichtlich der vorhin angeführten Bestimmungen des A.L.R. der Fall gewesen ist, für die Sicherstellung der Ausführung der gerichtlichen Anordnung gar nicht sorgen würde. Die Frage konnte also nur die sein, inwieweit bei den reichsgesetzlichen Fällen der Zwangserziehung der einzelne Bundesstaat die Zwangserziehung auf öffentliche Kosten übernehmen will.

Das bisher Ausgeführte dürfte genügen, um in dieser recht schwierigen Materie das Verhältniss der Landesgesetzgebung zur Reichsgesetzgebung, bezüglich dessen es bisher meines Wissens an jeder eingehenden Darstellung fehlt, klar zu stellen.

---

nur eine geringe ist, so ist doch schon die, durch die regelmässige Beitreibung immer wiederholte Erinnerung der Eltern an ihre Pflichten von Werth. Uebrigens lehrt das Beispiel Englands, wo allerdings eine Beschlagnahme des Lohnes für diese Beitragsforderungen zulässig ist, dass man bei geeignetem Verfahren auch materiell erhebliche Resultate erzielen kann.

Ich rekapitulire: Es ist Aufgabe der Landesgesetzgebung, zu bestimmen:

1. inwieweit die Zwangserziehung in den reichsgesetzlich geordneten Fällen auf öffentliche Kosten erfolgen soll,
2. ob und in welchem Umfange von dem Vorbehalte des Art. 135 E.G. Gebrauch gemacht und die Zwangserziehung in anderen, als den reichsgesetzlich geregelten Fällen für zulässig erklärt werden soll,
3. wie das Verfahren vor dem Vormundschaftsgerichte bezüglich der Anordnung der Zwangserziehung des Näheren zu regeln ist,
4. in welcher Weise, durch welche Behörden und auf wessen Kosten die Zwangserziehung auszuführen ist?

Dass es sich dabei empfiehlt, die Fragen 3 und 4 in einheitlicher Weise für die Fälle der reichsgesetzlichen wie der landesgesetzlichen Zwangserziehung zu regeln, bedarf wohl keiner weiteren Ausführung. Und auch das ist ohne Weiteres klar, dass ein gewisser Zusammenhang zwischen den vier Fragen besteht; doch dürfte es sich immerhin empfehlen, jede der Fragen hier gesondert für sich zu behandeln.

Lassen Sie mich nunmehr zu dem preussischen Gesetzentwurfe übergehen. Wir wollen ihn einer kritischen Besprechung dahin unterwerfen, wie er die vier eben aufgestellten Probleme zu lösen vorschlägt.

I.

Ich beginne also mit den reichsgesetzlichen Fällen. Von diesen lässt der preussische Entwurf zwei Fälle ganz ausser Betracht, den des § 56 R.Str.G.B. und den des § 1631 B.G.B.

§ 56 R.Str.G.B. ordnet bekanntlich an, dass bei einem Angeschuldigten im Alter von 12—18 Jahren, der eine strafbare Handlung begangen, aber die zur Erkenntniss ihrer Strafbarkeit erforderliche Einsicht nicht besessen hat, der Strafrichter zu bestimmen hat, ob er seiner Familie überwiesen oder in eine Erziehungs- oder Besserungsanstalt gebracht werden soll, und dass in letzterem Falle die der Anstalt vorgesetzte Verwaltungsbehörde zu bestimmen hat, wie lange er dort zu behalten ist; nur darf dies nicht über das vollendete 20. Lebensjahr hinausgehen. Die Zwangserziehung ist also hier bereits gesetzlich geregelt, und zwar nach mehrfacher Richtung hin anders, als bei den sonstigen reichsgesetzlichen Fällen:

a) Die Anordnung der Zwangserziehung erfolgt nicht durch den Vormundschaftsrichter, sondern durch den Strafrichter.

b) Die Unterbringung in einer fremden Familie ist unzulässig; der Betreffende muss, falls er nicht vom Strafrichter der eigenen Familie überwiesen wird, was nichts Anderes bedeutet, als dass eine Zwangserziehung überhaupt nicht für erforderlich erachtet wird,[11]) in einer Anstalt untergebracht werden.

c) In der Anstalt darf er nur bis zum 20. Lebensjahre behalten werden, während nach dem B.G.B. die Zwangserziehung auf die ganze Zeit der Minderjährigkeit, also bis zum vollendeten 21. Lebensjahre, ausgedehnt werden kann.

d) Das Vormundschaftsgericht kann nicht, wozu es bei den anderen Fällen der Zwangserziehung nach § 1671 B.G.B. berechtigt ist, die Zwangserziehung jederzeit aufheben, sondern über die Aufhebung entscheidet allein eine bestimmte Verwaltungsbehörde; in Preussen, wo für diese Art der Zwangserziehung 5 staatliche Anstalten bestehen,[12]) der zuständige Regierungspräsident.

Diese Verschiedenheiten werden es vom Standpunkte der Gesetzestechnik aus unzweifelhaft sehr erschweren, die Fälle des § 56 R.Str.G.B. in das neue Gesetz mit hineinzubeziehen. Andrerseits aber muss darauf hingewiesen werden, dass die Zwangserziehung in den Fällen des § 56 R.Str.G.B. in ihrem Wesen nichts Anderes sein kann und nichts Anderes sein soll, als in allen andern Fällen, und dass es sich deshalb empfiehlt, die Bestimmungen über die Ausführung der Zwangserziehung in den Anstalten einheitlich zu treffen. Dies ist in den meisten andern Bundes-

---

[11]) Vgl. Olshausen, Kommentar zum Str.G.B. Note 9 zu § 56 und Entscheidung des Reichsgerichtes in Strafsachen Band III S. 30.

[12]) Es werden übrigens Zwangszöglinge aus § 56 R.Str.G.B. ausser in den 5 Königlichen Erziehungsanstalten, auch noch in anderweitigen Anstalten untergebracht, da die Königlichen Erziehungsanstalten nur Zwangszöglinge aus bestimmten Provinzen aufnehmen. Immer aber werden die gesammten Kosten für diese Kategorie von Zwangszöglingen ausschliesslich vom Staate getragen, da sie als Strafvollzugskosten angesehen werden, was sie aber eigentlich nicht sind; denn die Unterbringung in einer Anstalt gemäss § 56 stellt sich nicht als Strafe dar, setzt vielmehr geradezu voraus, dass der Angeschuldigte freigesprochen ist, vgl. Olshausen l. c. Note 14. — Am 31. März 1898 befanden sich auf Grund des § 56 in Zwangserziehung: 958 Jugendliche, davon 538 in den Königlichen Erziehungsanstalten.

staaten auch in der Art geschehen, dass in einem der Schlussparagraphen des Gesetzes gesagt ist: Die Bestimmungen der und der Paragraphen finden auf die Fälle des § 56 R.Str.G.B. entsprechende Anwendung.

Was dagegen den § 1631 B.G.B. betrifft, so stimmen alle mir bekannt gewordenen Landesgesetze darin überein, dass dieser Paragraph bei der Neuregelung der Zwangserziehung ausser Betracht gelassen wird.[13]) Die Erwägung hierbei dürfte folgende gewesen sein. In den weitaus meisten Fällen, wo Vater oder Mutter die Unterbringung ihres Kindes in fremde Erziehung selbst beantragen, und wo das Vormundschaftsgericht eine solche weitgehende Massregel wirklich für nothwendig erachtet, wird die Sache entweder so liegen, dass die Armenverwaltung ihre Schuldigkeit nicht gethan hat, und wo es deshalb richtig ist, diese Behörde zur Unterbringung des Kindes anzuhalten; oder, es wird die Verwahrlosung schon einen so hohen Grad erreicht haben, dass die Zwangserziehung zur Verhütung des völligen sittlichen Verderbens des Kindes erforderlich ist, so dass also ein Einschreiten auf Grund der gemäss Art. 135 E.G. erlassenen landesgesetzlichen Vorschriften stattfinden kann. Dass auch Fälle möglich sind, in denen weder die eine noch die andere Voraussetzung vorliegt, ist ja nicht zu bestreiten. Allein solche, sicherlich nicht sehr zahlreichen Fälle wird man besser dem ergänzenden Eingreifen der freien, kirchlichen und privaten Liebesthätigkeit überlassen, die gerade da am

---

[13]) Die Thatsache, dass die Unterbringung von Minderjährigen auf Grund des § 1631 B.G.B. bei der neugeregelten Zwangserziehung nicht in Betracht kommt, habe ich bei der auf Seite 10/11 gegebenen Definition des Begriffs „Zwangserziehung“ berücksichtigt. Es wird im Falle des § 1631 zwar eine Unterbringung auf Grund gesetzlicher Bestimmung durch das Gericht angeordnet, aber es tritt nicht „öffentliche“ Erziehung ein, und es kann ferner von einem „Zwang“ bei der Unterbringung nur hinsichtlich des Minderjährigen selbst gesprochen werden, nicht aber, wie bei den anderen Fällen, auch hinsichtlich des Vaters, der Mutter oder des Vormunds. Es erscheint wünschenswerth, den Ausdruck „Zwangserziehung“ in den Fällen des § 1631 ganz zu vermeiden und nur den Ausdruck „vormundschaftsgerichtlich angeordnete Unterbringung in einer Familie oder Anstalt“ zu gebrauchen.

Platze erscheint, wo die Eltern in echter und rechter Elternliebe sich freiwillig von ihrem Kinde lieber trennen und es fremder Erziehung überlassen wollen, als zuzusehen, dass es dem Zuchthause entgegensteuert. An privaten Veranstaltungen, welche für solche Kinder zu sorgen bereit sind, fehlt es glücklicherweise auch in unserm Vaterlande nicht.[14]) Es wird Sache des Vormundschaftsrichters sein, sich hierüber genügende Informationen zu verschaffen und dann die Vermittlerrolle zwischen den Eltern und der Wohlthätigkeitsanstalt zu übernehmen, ohne dass es dabei eines besonderen Beschlussverfahrens, das gerade für solche Eltern sehr peinlich sein müsste, bedürfen wird.

Allerdings soll nicht verschwiegen werden, dass die Sache auch ihre bedenkliche Seite hat. Wer die Verhältnisse in derartigen Wohlthätigkeitsanstalten kennt, weiss, dass es garnicht selten vorkommt, dass ein Vater sein Kind, mit dessen Erziehung er nicht recht fertig wird, freiwillig der Anstalt überlässt und Anfangs grosse Freude über die Aufnahme des Kindes äussert; dann aber nach einiger Zeit seine Ansicht ändert und das Kind zurückfordert, regelmässig nicht aus idealen Motiven, sondern weil er von dem Kinde, das inzwischen herangewachsen ist, einen pekuniären Vortheil durch dessen Erwerbsthätigkeit anstrebt. Die Anstalten können sich durch Verträge, welche sie häufig bei der Aufnahme der Kinder mit dem Vater abschliessen, hiergegen nicht sichern; denn solche Verträge entbehren, wie das Reichsgericht wiederholentlich ausgesprochen hat,[15]) der Rechtsgültigkeit, da ein Verzicht des Vaters auf die Sorge für die Person des Kindes ungültig ist und darüber nicht gültig paktirt werden kann. Dies trifft auch nach den Bestimmungen des B.G.B. zu. Doch wird jetzt in manchen

[14]) In Anlage 7 zu dem preuss. Gesetzentwurf sind 333 Erziehungsanstalten in Preussen aufgeführt, welche sich im Besitze von Privatpersonen, Stiftungen oder der Kirche befinden und Verwahrloste aufnehmen.

[15]) Vgl. Entsch. des Reichsgerichts in Civilsachen Bd. 10 S. 116, Bd. 17 S. 129, Bd. 21 S. 160.

Fällen, wo der Vater sein Kind aus der Anstalt vor Beendigung der Erziehung zurückfordert, der § 1666 eine Hilfe gewähren, falls nämlich das Vormundschaftsgericht in dem Zurückfordern nach Lage der Verhältnisse eine Vernachlässigung der Erziehung und eine Gefährdung des Wohls des Kindes festzustellen vermag.

Wichtiger als die Nichterwähnung der Fälle des § 55 R.Str.G.B. und des § 1631 B.G.B. erscheint mir der Umstand, dass der preussische Entwurf auch in den Fällen der §§ 1666 und 1838 B.G.B. die Zwangserziehung auf öffentliche Kosten nur unter Einschränkungen zulässt. Das würde zunächst die unerfreuliche Folge haben, dass in den Fällen, in denen das Vormundschaftsgericht gemäss § 1666 und 1838 B.G.B. die Zwangserziehung anordnet, obwohl diese Fälle nicht unter das preussische Landesgesetz fallen, nicht nur die Ausführung der Zwangserziehung, die dann ganz in den Händen des Vormundschaftsrichters liegen würde, sich abweichend von den andern Fällen gestaltet, sondern dass auch bei der Anordnung der Zwangserziehung nicht das in dem Landesgesetze geordnete Verfahren stattfindet, sondern das abweichend geregelte Verfahren nach dem Reichsgesetze über die Angelegenheiten der freiwilligen Gerichtsbarkeit.[16]) Man wird mit Rücksicht auf die dadurch entstehenden Unzuträg-

[16]) Der Entwurf hat mit Rücksicht hierauf in § 1 einen besonderen Begriff der Zwangserziehung aufgestellt: „Zwangserziehung im Sinne dieses Gesetzes ist die Erziehung verwahrloster oder der Verwahrlosung ausgesetzter Minderjähriger unter öffentlicher Aufsicht und auf öffentliche Kosten in einer geeigneten Familie oder in einer Erziehungs- oder Besserungsanstalt.“ Er regelt nur die Fälle, wo die Zwangserziehung gemäss den in § 2 gegebenen Bestimmungen auf öffentliche Kosten erfolgt; von der Regelung der anderen Fälle sieht er ab, da, wie in der „Begründung“ gesagt wird, es „nicht zweckmässig“ wäre, den Vormundschaftsrichter in seinen Befugnissen „durch landesgesetzliche Bestimmungen zu beschränken“. Diese Begründung ist mir nicht recht verständlich. Liegt denn darin nicht auch eine Beschränkung des Vormundschaftsrichters, wenn durch Landesgesetz die Mittel versagt werden, eine Zwangserziehung, die der Vormundschaftsrichter auf Grund der ihm durch Reichsgesetz gegebenen Befugniss angeordnet hat, zur Ausführung zu bringen? Nach dem Entwurfe würde es zwei ganz verschiedene Arten von Zwangserziehung geben, und das möchte ich als „nicht zweckmässig“ bezeichnen.

lichkeiten es sich doppelt überlegen müssen, ob wirklich genügender Anlass zu den Einschränkungen vorhanden ist.

Die Einschränkungen des Entwurfes sind nun zweifacher Art: einmal soll in den Fällen der §§ 1666 und 1838 B.G.B. die Zwangserziehung nur stattfinden, wenn der Minderjährige das 18. Lebensjahr noch nicht vollendet hat, und sodann zweitens nur dann, wenn die Zwangserziehung erforderlich ist, um die sittliche Verwahrlosung des Minderjährigen zu verhüten.

Gegen die Festsetzung der oberen Altersgrenze auf das 18. Lebensjahr ist rein sachlich kaum etwas einzuwenden; denn thatsächlich dürfte in einem höheren Lebensalter ein günstiger Erfolg von der Anordnung der Zwangserziehung nur sehr selten zu erwarten sein. Diese Erwägung wird aber jedes verständige Vormundschaftsgericht, und eventuell das Beschwerdegericht, auch anstellen, und es wird höchstens bei einem, in körperlicher und geistiger Beziehung hinter seinem Alter zurückgebliebenen Menschen über 18 Jahren in vereinzelten Fällen einmal die Zwangserziehung wirklich angeordnet werden. Diese ganz vereinzelten Fälle, die in den ersten Jahren nach Inkrafttreten des Gesetzes wohl vorkommen können, später aber ausgeschlossen sein dürften, da man von jetzt ab gegen solche Individuen bereits frühzeitiger einschreiten wird, lassen es sicherlich nicht — und zwar auch vom Standpunkte der Kostenersparniss nicht — gerechtfertigt erscheinen, eine doch immerhin missliche Korrektur — zwar nicht im Rechtssinne, aber in thatsächlicher Beziehung — an dem Reichsrechte vorzunehmen.

Vom Kostenstandpunkte aus schwererwiegend ist die zweite Einschränkung, dass nämlich die Zwangserziehung nur eintreten soll, wenn das sittliche Wohl des Kindes gefährdet ist. Die Anordnung der Zwangserziehung würde danach ausgeschlossen sein, wenn lediglich eine Gefährdung des körperlichen oder, um den Sprachgebrauch des B.G.B. beizubehalten, des leiblichen Wohls in Frage steht. In den meisten Fällen wird nun allerdings die leibliche Verwahrlosung mit der sittlichen Hand in Hand gehen; man wird den alten Satz mens sana in corpore sano wohl dahin umgestalten können in corpore non sano mens non sana. Aber, es werden immerhin eine Anzahl Fälle bleiben, wo das Vormundschaftsgericht eine erhebliche Gefährdung des leiblichen Wohles, nicht aber eine Gefährdung des sittlichen Wohles festzustellen in der Lage ist, z. B. der Fall, dass Vater oder Mutter das Kind brutal misshandeln und das leibliche Wohl desselben gefährden, ein Fall, der unzweifelhaft unter § 1666 gehört. Hat der Staat hier nicht auch ein Interesse daran, dass das Kind in anderweitige Erziehung gebracht und so vor weiterer Gefährdung seines leiblichen Wohles geschützt wird? Ich glaube, der Staat ist an dem leiblichen Wohle der heranwachsenden Jugend hinreichend interessirt, um auch in diesen Fällen die Kosten der anderweitigen Erziehung zu übernehmen. Und, wenn Hessen,[17]) Württemberg, Elsass-Lothringen, Anhalt, Oldenburg, Braunschweig nicht vor den Mehrkosten zurückgeschreckt sind, welche durch die Hereinziehung dieser, übrigens auch kaum sehr zahlreichen Fälle in den Kreis der auf öffentliche Kosten ausgeführten Zwangserziehung entstehen, so braucht dies wohl auch das Königreich Preussen nicht zu thun.

Ich komme also hier zu dem Schlusse, es empfiehlt sich, die in dem preussischen Entwurfe enthaltenen Einschränkungen bezüglich der auf öffentliche Kosten erfolgenden Zwangserziehung bei den Fällen der §§ 1666 und 1838 B.G.B. zu beseitigen.

II.

Was nun die landesgesetzlichen Fälle der Zwangserziehung betrifft, so ist es mit grosser Freude zu begrüssen, dass hier der preussische Entwurf von dem reichsgesetz-

[17]) In dem Hessischen Gesetze befindet sich dabei die beachtenswerthe Bestimmung: „Handelt es sich um den Fall körperlicher Vernachlässigung oder Misshandlung, so ist ein Gutachten des Kreisgesundheitsamts einzuziehen.“

lichen Vorbehalte in einem Umfange Gebrauch gemacht hat, der nichts mehr zu wünschen übrig lässt.

Zunächst wird in § 2 Ziffer 2 des Entwurfs die Voraussetzung für die Zwangserziehung im Falle des § 55 R.Str.G.B. genau so geregelt, wie es in dem bisherigen Gesetze vom 13. März 1878 geschehen ist,[18]) nur dass die bisherige untere Altersgrenze von 6 Jahren in Fortfall kommt. Das ist ein entschiedener Fortschritt; denn leider zeigen sich nicht selten bei einem Kinde verbrecherische Neigungen schon vor dem vollendeten 6. Lebensjahre, und es ist erforderlich, dass rechtzeitig eingeschritten und hiermit nicht bis zum vollendeten 6. Lebensjahre des Kindes gewartet wird, wie es bisher geschehen musste.

Sodann lässt der Entwurf in Ziffer 3 des § 2 die Zwangserziehung bei Minderjährigen bis zum vollendeten 18. Lebensjahre zu, wenn sie wegen Unzulänglichkeit der erzieherischen Einwirkung der Eltern oder sonstigen Erzieher oder der Schule zur Verhütung des völligen sittlichen Verderbens nothwendig ist. Damit ist in ausreichender und zutreffender

---

[18]) Prof. van Calker hat in einem, in der Deutschen Juristen-Zeitung vom 1. Febr. 1900 erschienenen Aufsatze den Vorschlag gemacht, der Ziffer 2 des § 2 folgenden Zusatz hinzuzufügen:

> „Die Ueberweisung hat bei Vorliegen der genannten Voraussetzungen stets zu geschehen, wenn mit Rücksicht auf die Beschaffenheit der Handlung, falls dieselbe von einem Strafmündigen begangen wäre, die Aberkennung der bürgerlichen Ehrenrechte oder die Ueberweisung an die Landespolizeibehörde auszusprechen sein würde“.

Dabei ist wohl übersehen, dass unser R.Str.G.B. bei einem Strafmündigen den Richter niemals verpflichtet, Ueberweisung an die Landespolizeibehörde auszusprechen, und die Aberkennung der bürgerlichen Ehrenrechte nur in 3 Fällen (§§ 161, 181, 302d) bindend anordnet, während es in allen übrigen Fällen dem Ermessen des Gerichts überlassen ist, ob es auf diese Nebenstrafe erkennen will oder nicht? Oder will van Calker das richterliche Ermessen, die Berücksichtigung des Einzelfalles nach der subjektiven wie objektiven Seite, die der Strafrichter gegenüber dem Strafmündigen besitzt, dem Vormundschaftsrichter gegenüber dem Strafunmündigen absprechen? Nein, gerade bei der Anordnung der Zwangserziehung muss der Richter völlig freie Hand haben, ob er eine von einem Kinde begangene strafbare Handlung als das Symptom einer solchen Verwahrlosung ansehen will, dass die Zwangserziehung zur Verhütung weiterer sittlicher Verwahrlosung erforderlich erscheint.

Weise das ganze grosse Gebiet der sogen. objektiven Verwahrlosung getroffen, d. h. der Verwahrlosung, bei der es, wie der Staatssekretär Nieberding in der Reichstagssitzung vom 27. Mai 1896 zutreffend ausführte, nicht darauf ankommt, wo die Schuld und die Ursache der Verwahrlosung zu suchen ist, ob bei den Eltern oder bei dem Kinde oder in den allgemeinen Lebensverhältnissen, sondern wo allein entscheidend die Thatsache ist, dass das Kind verwahrlost ist, und dass ein öffentliches Interesse für eine staatliche Fürsorge vorhanden ist. Die Ziffer 3 des § 2 stellt sich in der That als eine clausula generalis dar, mit der man bei richtiger Anwendung der hohen sozialen Aufgabe der Zwangserziehung gerecht werden kann.

Vor allem möchte ich hervorheben, dass es mit Hilfe dieser Ziffer 3 des § 2 möglich sein wird, den vielen Mängeln, welche unser Str.G.B. bei seinen Bestimmungen über jugendliche Verbrecher enthält, und auf die ich in meinem früheren Vortrage des Näheren eingegangen bin — zu niedrige Altersgrenze der Strafmündigkeit; die unzutreffende Unterscheidung je nach der zur Erkenntniss der Strafbarkeit der Handlung erforderlichen Einsicht; die Unmöglichkeit, neben oder statt der Strafe auf Zwangserziehung zu erkennen, — einigermassen entgegenzuwirken. Man wird nunmehr unter gleichzeitiger Anwendung des Allerhöchsten Erlasses vom 23. Oktober 1895 in der Lage sein, in den geeignet erscheinenden Fällen bei einem zu Strafe verurtheilten Jugendlichen die Strafvollstreckung vorläufig auszusetzen und statt dessen bei dem Vormundschaftsgerichte die Anordnung der Zwangserziehung zu beantragen, und es kann, falls sich der Zwangszögling dann gut führt, im Wege der Begnadigung die Strafe in Fortfall gebracht werden. Man ist aber auch ferner in der Lage, in denjenigen Fällen, wo wegen der Schwere der begangenen strafbaren Handlung zunächst die Vollstreckung der erkannten Strafe angezeigt erscheint, gleichzeitig einen Beschluss des Vormundschaftsgerichts auf Zwangserziehung herbeizuführen und so dem Jugendlichen nach vollstreckter Strafe eine geordnete Erziehung zu Theil werden zu lassen.[19])

III.

Ich komme nunmehr zu der dritten Frage: wie ist das Verfahren vor dem Vormundschaftsgerichte geregelt?

Sie erinnern sich vielleicht, dass ich bei meinem früheren Vortrage vorgeschlagen hatte, die Entscheidung über die so wichtige Massregel der Zwangserziehung, die einen so erheblichen Eingriff in die Freiheit der Familie enthält, nicht in die Hand eines Einzelnen, des Amtsrichters, zu legen, sondern dem Richter geeignete, mit den lokalen Verhältnissen vertraute Personen zur Seite zu stellen, also eine Art Schöffengericht für das Verfahren zu bilden. Ich will auf diesen Vorschlag hier nicht näher zurückkommen, weil ich ihn bei der besonders in Preussen gegen die Zuziehung von Laien vorhandenen Abneigung z. Z. für aussichtslos halte; ich wollte aber nicht ungesagt sein lassen, dass ich an der Idee festhalte, und dass mich die vielfach dagegen erhobenen Einwendungen in keiner Weise überzeugt haben.[20]) Die Möglichkeit, landesgesetzlich die Zuziehung von Laien bei der Entscheidung einzuführen, ist durch Art. 147 des E.G. zum B.G.B., im Zusammenhange mit Art. 3 desselben Gesetzes, gegeben.

---

[19]) Eine solche Art der Nacherziehung besteht in Hamburg bereits auf Grund des Zwangserziehungsgesetzes vom 6. April 1887, und hat sich dort sehr bewährt.

[20]) Es ist bemerkenswerth, dass in der Kommission, welche das Württembergische Gesetz über die Zwangserziehung berieth, ein Antrag von dem Abgeordneten Gröber dahin gestellt wurde, die Entscheidung über die Anordnung der Zwangserziehung nicht dem Amtsrichter, wie es die Regierung vorschlug, sondern einer aus 1 rechtsgelehrten Mitgliede und 4 Laien zusammengesetzten Vormundschaftsbehörde zu übertragen. In der sehr eingehenden Berathung, die hierüber stattfand, wurde besonders hervorgehoben, dass es sich bei der Zwangserziehung nicht nur um Rechtsfragen handle, sondern auch um Fragen des praktischen Lebens, bei denen jeder Familienvater mehr Erfahrung habe, als ein junger Amtsrichter. Nach lebhafter Debatte, bei welcher 2 Minister für den Regierungsvorschlag eintreten mussten, wurde schliesslich der Antrag Gröber mit 7 gegen 6 Stimmen abgelehnt.

Dagegen möchte ich einen anderen Vorschlag, den ich bei meinem früheren Vortrage gemacht hatte, nochmals zur Erwägung stellen, nämlich den, einen besonderen Beamten — den Jugendanwalt, wie ich ihn nannte, — mit der Ermittelung über die Fälle, in denen eine Verwahrlosung vorliegt und mit der Stellung des Antrags auf Zwangserziehung zu beauftragen.[21])

Die Begründung zu dem preussischen Entwurfe sagt wörtlich: „Um die Anordnung in allen Fällen, in denen sie aus straf- und sozialpolitischen Gründen geboten erscheint, sicher zu stellen, ist es nothwendig, Organe zu bestimmen, denen die Stellung des Antrags auf Zwangserziehung gesetzlich obliegt.“ Dies ist genau das, was ich vor 8 Jahren für die Einsetzung des Jugendanwaltes anführte. Leider zieht nur der Entwurf aus den angeführten zutreffenden Worten eine Folgerung, die ich allerdings nicht erwartet hätte; er bezeichnet nämlich als das geeignete Organ für diese, von ihm als besonders wichtig hingestellte Thätigkeit: den Landrath. Ich will nun nicht besonderes Gewicht darauf legen, dass unser viel beschäftigter Landrath garnicht die Zeit hat, sich dieser ihm neu aufgebürdeten Aufgabe intensiv zu widmen, und dass die Sache in der Praxis wahrscheinlich darauf hinauslaufen würde, dass im Wesentlichen der Kreissekretär die Angelegenheit zu besorgen

---

[21]) Der von mir S. 38 ff. der oben citirten Schrift eingehender begründete Vorschlag fusst auf den Einrichtungen, die ich bei meiner amerikanischen Studienreise in dem Staate Massachusetts gesehen habe. In Massachusetts, das nach vielfacher Richtung als Musterstaat für sozialpolitische Massnahmen betrachtet werden kann, besteht seit dem Jahre 1869 eine besondere Behörde (State Agency), um dafür zu sorgen, dass gegen jugendliche Personen, die sich strafbarer Handlungen schuldig gemacht haben, das Geeignete veranlasst wird. Vgl. näheres über die Thätigkeit der State Agents in meiner Schrift: „Aus dem Strafen- und Gefängnisswesen Nordamerikas.“ Hamburg 1889, Verlagsanstalt vorm. J. F. Richter S. 39 ff. Der von mir gemachte Vorschlag hat in Frankreich in dem „Avocat des Enfants“ praktische Verwirklichung gefunden; und eine sehr ähnliche Einrichtung ist in Belgien auf die Anregung des Justizministers Le Jeune in das Leben gerufen worden; auch der von Professor van Hamel in Holland begründete Verein „Pro Iuventute“ verfolgt dieselbe Idee.

hätte, ich will auch nur nebenbei erwähnen, dass die Beauftragung des Landraths mit diesen Funktionen an kleinen Orten eine Quelle von Konflikten zwischen Landrath und Amtsrichter abgeben wird. Mein Haupteinwand besteht darin, dass der Landrath politischer Beamter ist, und dass wir uns gerade bei der weiten Ausdehnung, die wir der Zwangserziehung jetzt geben, vor nichts so sehr zu hüten haben, als auch nur den Verdacht aufkommen zu lassen, dass die neue Massregel in irgend einer Weise mit der Politik, mit politischen Anschauungen verquickt werden könnte.[22]) Hier heisst es: principiis obsta!

Ich weiss wirklich nicht, ob ich es nicht lieber noch bei dem alten, nach dem Gesetze von 1878 bestehenden Verfahren, wonach jeder Mann aus dem Volke und jede Behörde den Antrag auf Zwangserziehung stellen kann, bewenden lassen würde, als dem Landrath die Funktionen des alleinigen Antragstellers zu geben?

Aber auch das bisherige Verfahren kann nicht beibehalten werden. Bedenken Sie, dass im Jahre 1898 in Preussen auf 1447 Beschlüsse, welche die Zwangserziehung für erforderlich erklärten, 2534 Beschlüsse auf Zurückweisung des Antrags auf Zwangserziehung ergingen. Wenn diese

---

[22]) Ich habe bereits bei der Debatte, die sich an meinen Vortrag in der Juristischen Gesellschaft anschloss, auf eine dabei gefallene Bemerkung hin hervorgehoben, dass es keineswegs eine Abneigung gegen die Landräthe als solche ist, welche mich veranlasst, gegen ihre Hineinziehung in das Zwangserziehungswesen anzukämpfen; und ich möchte dies hier wiederholen. Ich glaube, man kann den Landräthen gar keinen schlechteren Dienst leisten, als sie mit einer Funktion zu beauftragen, welche sie leicht in eine schiefe Stellung bringen kann. Man denke, dass ein Landrath in einem unserer gemischtsprachlichen Bezirke gegen einen Vater, welcher sein Kind nicht in die deutsche Schule schickt, den Antrag auf Zwangserziehung seines Kindes stellt, weil das Kind eine strafbare Handlung begangen hat oder sonst der Verwahrlosung anheimgefallen ist. Wird da nicht der Verdacht aufkommen, dass der Antrag nicht wegen der Verwahrlosung, sondern wegen der nichtdeutschen Erziehung des Kindes gestellt worden ist? Und wie wird dieser Verdacht Nahrung bekommen, wenn der Amtsrichter, was doch vorkommen kann, den Antrag ablehnt, weil er bezüglich der Verwahrlosung des Kindes anderer Meinung ist und eine Zwangserziehung nicht für erforderlich hält!

grosse Zahl zurückweisender Beschlüsse bei den eng begrenzten Voraussetzungen, welche das bisherige Gesetz für die Zwangserziehung aufstellte, möglich war, wie gross würde wohl bei dem erweiterten Kreise der nach dem neuen Gesetze der Zwangserziehung unterworfenen Personen, bei der clausula generalis der Ziffer 3 des § 2, die Zahl werden? Dass damit den Gerichten — und zwar nicht blos den Amtsgerichten, sondern auch den Landgerichten in der Beschwerdeinstanz — eine Unsumme nutzloser Arbeit gemacht würde, kommt nicht so sehr in Betracht, als der schwere Missbrauch, welcher mit einem unbeschränkten oder wenig beschränkten Antragsrechte getrieben werden kann. Aus Hass, Bossheit und niedriger Gesinnung, oder auch nur aus einem moralischen oder religiösen Uebereifer könnten gerichtliche Verfahren herbeigeführt werden, welche, wenn sie auch schliesslich zu einer Ablehnung des Antrags führten, der betreffenden Familie die grössten Unannehmlichkeiten und die peinlichsten Verlegenheiten bereiten würden. Nein, wenn das neue Gesetz nicht ebenso grosse Gefahren heraufbeschwören soll, als es zu beseitigen beabsichtigt, so ist die erste Voraussetzung, dass das Antragsrecht einem in keinerlei Weise persönlich interessirten Beamten übertragen wird, der sich der vollen Verantwortlichkeit, die er mit der Stellung seines Antrages übernimmt, bewusst ist![23])

Wenn die Herrenhaus-Kommission vorschlägt, in Städten

[23]) Dass daneben dem Vormundschaftsgerichte die Befugniss bleibt, von Amtswegen einzuschreiten, ist selbstverständlich; es ergiebt sich aus der, dem Vormundschaftsrichter im B.G.B. gegebenen Stellung. Aber, die Landesgesetzgebung ist nicht behindert, vorzuschreiben, dass der Vormundschaftsrichter, bevor er ein Verfahren auf Zwangserziehung einleitet, sich erst mit dem Jugendanwalte in Verbindung setzt, durch diesen — und nicht etwa durch die Polizei — die erforderlichen Ermittelungen anstellen lässt und überhaupt den Jugendanwalt bei dem ganzen Verfahren zuzieht und ihm Gelegenheit zur Aeusserung giebt. Und eine solche Bestimmung würde ich für zweckmässig halten. Der Jugendanwalt soll dasjenige Organ sein, an das sich Alle, welche eine Zwangserziehung in einem konkreten Falle für wünschenswerth halten — mögen dies Private, Vereine oder Behörden, ja selbst der Vormundschaftsrichter sein — zunächst zu wenden haben.

mit mehr als 10000 Einwohnern neben dem Landrathe auch dem Gemeindevorstande und in Stadtkreisen überhaupt dem Gemeindevorstande die Funktionen des Antragstellers zu übertragen, so erscheint mir dies gleichfalls nicht zulässig, weil der Gemeindevorstand an der Anordnuug der Zwangserziehung mit Rücksicht auf die von ihm geführte Armenverwaltung materiell zu sehr interessirt ist. Wird die Armenverwaltung doch durch die Zwangserziehung vielfach von Armenkosten befreit, die sie bereits zu zahlen hat oder die ihr wenigstens für die Zukunft drohen.

Meine Herren, ich bleibe bei meinem früheren Vorschlage, zur erfolgreichen Durchführung des neuen Gesetzes ist die Anstellung eines besonderen Jugendanwalts nothwendig. Dass es an Personen nicht fehlen wird, die sich zu diesem Amte qualifiziren, davon bin ich überzeugt, und ich möchte nur auf eine Kategorie von Männern besonders hinweisen, die dabei in Betracht kommen könnten, es sind die pensionirten Offiziere. Ein grosser Theil dieser Herren wird gern eine solche, ihren sozialen Verhältnissen entsprechende und ihnen sympathische Beschäftigung annehmen, die ihnen neben der Pension eine kleine Nebeneinnahme bringt. Die Erfahrungen, die wir bei gemeinnützigen Unternehmungen, bei denen sich schon heute nicht selten pensionirte Offiziere in besoldeten Stellen befinden, gemacht haben, sind durchweg gute gewesen.

Dabei ist es, wie ich schon bei meinem früheren Vortrage ausgeführt habe, keineswegs nöthig, an jedem Amtsgerichtssitze einen Jugendanwalt im Hauptamte zu bestellen. Man wird vielmehr entweder mehrere Amtsgerichtsbezirke für diesen Zweck zusammenlegen oder an den kleinen Orten einen Beamten im Nebenamte mit den Funktionen eines Jugendanwalts betrauen können, insbesondere wird sich dazu häufig der Amtsanwalt eignen.

Auf einen Einwand gegen meinen Vorschlag möchte ich aber noch mit einigen Worten eingehen. Man hat mich vielfach gefragt, wie ich mir die Eingliederung der Jugendanwälte in die Behördenorganisation vorstelle? Nun, ich würde sie als Hilfsorgane der Staatsanwaltschaft unterstellen, in gleicher Weise, wie es bei dem Amtsanwalt der Fall ist. Die Staatsanwaltschaft ist bei uns diejenige Behörde, die auch sonst die staatlichen Interessen wahrzunehmen hat und die in ständiger Fühlung mit den Gerichten steht. Wie sie in dem Entmündigungsverfahren (vgl. §§ 652, 656, 659, 663 C.P.O.) bei den Gerichten und erforderlichenfalls auch gegen die Gerichte die Interessen allgemeiner Art geltend zu machen hat, so soll sie es auch hier thun; nur muss man ihr für die Erfüllung dieser neuen Aufgabe die erforderlichen Hilfskräfte zur Verfügung stellen.[24])

Meine Herren, ich komme hiernach bezüglich der dritten Frage zu dem Schlusse: der für diese Frage massgebende § 4 des Entwurfs muss ganz umgearbeitet werden, und zwar dahin, dass zur Stellung des Antrags auf Zwangserziehung ausschliesslich ein als Jugendanwalt zu bestellender, dem Ersten Staatsanwalte an dem Landgerichte unterstehender Beamter befugt sein soll, an welchen sich Privatpersonen wie Behörden mit ihren Anzeigen bezüglich der Fälle, in denen sie Zwangserziehung für nöthig erachten, zu wenden haben. Es sollte sodann weiterhin bestimmt werden, dass zur Einlegung der sofortigen Beschwerde gegen einen ab-

[24]) Eine Mitwirkung der Staatsanwaltschaft im Verfahren der Zwangserziehung ist in mehreren deutschen Bundesstaaten ausdrücklich vorgeschrieben. In Oldenburg hat das Vormundschaftsgericht „vor jeder Entscheidung über die Anordnung oder die Aufhebung der Zwangserziehung eines Minderjährigen die Akten der Staatsanwaltschaft bei dem vorgeordneten Landgerichte zur schriftlichen Aeusserung vorzulegen". Gegen die Entscheidung „steht der Staatsanwaltschaft die Beschwerde zu. Das Beschwerdegericht hat die Staatsanwaltschaft, sofern diese nicht selbst die Beschwerde eingelegt hat, vor der Entscheidung zu hören." Dazu bemerkt die Begründung: „Die Mitwirkung dieser Behörde empfiehlt sich nicht nur wegen des häufigen Zusammenhangs der zur Zwangserziehung Anlass gebenden Fälle mit der Strafverfolgung, sondern namentlich auch deshalb, weil die Möglichkeit geschaffen werden muss, auch Interessen allgemeiner Art, so namentlich die Rücksichten auf die Staatskasse sowie die auf Seiten der mit dem Vollzug der Unterbringung betrauten Verwaltungsbehörde zu Tage tretenden Bedürfnisse und Erfahrungen geltend zu machen. Hierzu ist die Staatsanwaltschaft das geeignete Organ."

lehnenden Beschluss des Vormundschaftsgerichtes nur der Erste Staatsanwalt, gegen einen, die Zwangserziehung anordnenden Beschluss ausser ihm noch der gesetzliche Vertreter des Minderjährigen, eventuell auch der über 14 Jahre alte Minderjährige selbst, befugt sein soll.[25])

IV.

Und nunmehr zu der letzten Frage, der von der Ausführung der Zwangserziehung!

Der preussische Entwurf hat hier in allen wesentlichen Punkten einfach die Bestimmungen aus dem Gesetze von 1878 herübergenommen. Das Wenige, was sich an neuen Bestimmungen vorfindet, ist von recht zweifelhaftem Werthe.

Da wird zunächst im § 10 neben den bisherigen Arten der Ausführung der Zwangserziehung, nämlich in Anstalten oder in einer fremden Familie, eine neue Art vorgeschlagen: die von der Verwaltungsbehörde beaufsichtigte Erziehung in der eigenen Familie. Es entspricht dies nun allerdings einem Vorschlage, der von der im Jahre 1891 eingesetzten Kommission der Internationalen Kriminalistischen Vereinigung

---

[25]) Der Entwurf enthält darüber, wem die Beschwerde, welche mit Recht nur als „sofortige" zugelassen wird, zustehen soll, gar keine Bestimmung. Nach dem Beschlusse der Herrenhaus-Kommission soll die Beschwerde sowohl gegen den, die Zwangserziehung anordnenden wie gegen den ablehnenden Beschluss einer Reihe von Personen gegeben werden. Ich halte diese Gleichstellung des anordnenden mit dem ablehnenden Beschlusse für unrichtig. Im Falle der Ablehnung gebührt die Beschwerde nur derjenigen Behörde, welche die allgemein-staatlichen Interessen wahrzunehmen hat, d. i. nach meiner Auffassung: der Staatsanwaltschaft. Im Falle der Anordnung der Zwangserziehung dagegen muss die Beschwerde ausserdem denjenigen gegeben werden, gegen welche die Massregel gerichtet ist, also dem gesetzlichen Vertreter des Minderjährigen (Vater, Mutter oder Vormund) und dem Minderjährigen selbst, falls er das 14. Lebensjahr vollendet hat (vgl. § 59 Reichsgesetz über die Angel. der freiwill. Gerichtsbarkeit). Es besteht kein Bedürfniss, die Beschwerde auch noch anderen Personen oder Behörden zu geben, und es würde dies, da die Beschwerde aufschiebende Wirkung hat, eine unliebsame Verzögerung des Verfahrens herbeiführen.

(Gruppe Deutsches Reich) gemacht worden ist,[26]) gegen den aber sofort, und zwar auch aus dem Kreise der Mitglieder der Internationalen Kriminalistischen Vereinigung, erhebliche Bedenken erhoben wurden.[27]) Und ich muss dabei bleiben, dass diese Bedenken gerechtfertigte sind. Eine ernstgemeinte behördliche Beaufsichtigung eines Kindes, das sich in der elterlichen Obhut befindet, ist ohne ein Eindringen in die internen Angelegenheiten der Familie, das hart an eine Polizeiaufsicht grenzen würde, nicht ausführbar. Ist die Beaufsichtigung aber nur eine formelle, so läuft die Sache praktisch auf eine blosse Verwarnung hinaus, und die Verwaltungsbehörde wäre dadurch in die Lage gebracht, einen ihr nicht genehmen Zwangserziehungsbeschluss in recht bequemer Weise zu beseitigen. In der Begründung der Vorlage wird nun allerdings davon ausgegangen, dass die Zurückgabe des Kindes an die eigene Familie erst erfolge, nachdem die Zwangserziehung ihre gute Wirkung ausgeübt habe, also als eine Art widerruflicher Entlassung. In dem Gesetzentwurfe selbst aber ist diese Anschauung nicht zum Ausdrucke gekommen, vielmehr spricht die Aufnahme der fraglichen Bestimmung in den § 10, und nicht in den § 13, wo von der widerruflichen Entlassung die Rede ist, für die gegentheilige Auffassung.

Wenn sodann im § 11 angeordnet wird, dass für den in einer Familie untergebrachten Zögling von dem Kommunalverbande eine geeignete Fürsorge für die Ueberwachung der Erziehung und Pflege anzuordnen sei, so entspricht dies zwar dem durchaus zutreffenden Gedanken, dass der Erfolg der Unterbringung in einer fremden Familie wesentlich bedingt ist durch eine sorgfältige Aufsicht über das Verhalten

[26]) Im Auftrage dieser Kommission hat Appelius einen sehr eingehenden Bericht erstattet, welcher unter dem Titel: „Die Behandlung jugendlicher Verbrecher und verwahrloster Kinder“ bei J. Guttentag, Verlagsbuchhandlung, Berlin 1892 erschienen ist.

[27]) Auch eine im Mai 1893 in Thale zusammengetretene Konferenz der preussischen Erziehungsanstalts-Vorsteher hat sich gegen diesen Vorschlag erklärt.

der fremden Familie wie des Zöglings. Allein, es hätte doch dabei auf die Frage eingegangen werden müssen, welches Verhältniss nun zwischen dieser, von der Verwaltungsbehörde eingerichteten Fürsorge und dem vom Vormundschaftsgerichte bestellten Vormunde oder Pfleger bestehen soll? und ferner vor allem, wie man sich die Stellung dieser Fürsorge zu dem Gemeinde-Waisenrath denkt, der nach gesetzlicher Bestimmung (§ 1850 B.G.B.) mit der Ueberwachung der Erziehung und der körperlichen Pflege des betreffenden Minderjährigen beauftragt ist.[28])

Ebenso hätte es bei § 13 einer Erörterung bedurft, wie sich die hier der Verwaltungsbehörde übertragene Befugniss zur Aufhebung der Zwangserziehung mit der Bestimmung

---

[28]) Bei einem Zwangszöglinge sind zwei Fälle denkbar: entweder es ist noch ein Inhaber der elterlichen Gewalt (Vater oder Mutter) vorhanden, dann muss das Vormundschaftsgericht, wenn es ihm die Sorge für die Person des Kindes entzieht, gleichzeitig mit der Anordnung der Zwangserziehung einen Pfleger bestellen (§ 1909 B.G.B.); oder, eine elterliche Gewalt besteht nicht mehr, dann hat der Minderjährige einen Vormund (§ 1773 B.G.B.), dem die Sorge für die Person des Mündels auch im Falle der Zwangserziehung bleibt, soweit nicht die gesetzliche Vormundschaft des Anstaltsvorstandes (Art. 78 des preuss. A.G. zum B.G.B.) eintritt. Wenn der Zwangszögling einen Vormund hat — auch wenn es die gesetzliche Vormundschaft des Anstaltsvorstands ist —, so hat der Gemeindewaisenrath nach § 1850 B.G.B. darüber zu wachen, dass die Vormünder der sich in seinem Bezirke aufhaltenden Mündel für die Person derselben pflichtmässig Sorge tragen und hat über Mängel und Pflichtwidrigkeiten, die er in dieser Hinsicht wahrnimmt, dem Vormundschaftsgerichte Anzeige zu machen. Nach § 1915 B.G.B. nehme ich weiter an, dass diese, das Vormundschaftsgericht unterstützende Thätigkeit des Gemeindewaisenraths ebenso im Falle der Bestellung eines Pflegers besteht; das Gesetz vom 13. März 1878 hatte dies in § 9 ausdrücklich bestimmt. Wird nun neben diesen Organen des Vormundschaftsgerichts von der Verwaltungsbehörde noch eine besondere Fürsorge „angeordnet" — was bedeutet dieser Ausdruck neben „übertragen" im folgenden Satz des § 11? —, so liegt die Möglichkeit zu Konflikten zwischen den Organen der beiden Behörden vor. Das hat das Württembergische Gesetz richtig vermieden, indem es in Art. 11 bestimmt, dass für den in seiner Familie untergebrachten Zögling „vom Gemeindewaisenrath, in dessen Bezirk die betreffende Familie ihren Wohnsitz hat, ein Fürsorger zu bestellen ist, der im Verein mit dem Gemeindewaisenrath über die Erziehungsthätigkeit der Familie, welcher der Zögling überwiesen ist, sowie über das Verhalten des letzteren in der Zwangserziehung persönlich zu wachen hat".

des § 1671 B.G.B. verträgt, nach welcher das Vormundschaftsgericht jeder Zeit befugt ist, die von ihm getroffene Anordnung der Zwangserziehung wieder aufzuheben. Beiden Behörden neben einander das Recht der Aufhebung der Zwangserziehung zu geben, könnte doch praktisch zu recht üblen Konsequenzen führen. Das Richtige ist, wie es in Württemberg, im Königreich Sachsen, in Hessen und anderen Bundesstaaten geschehen ist, der Verwaltungsbehörde nur das Recht der vorläufigen, widerruflichen Entlassung aus der Zwangserziehung zu geben, dagegen das Recht der definitiven Aufhebung der Zwangserziehung ausschliesslich dem Vormundschaftsgerichte zu belassen, derjenigen Behörde, von der die Massregel angeordnet worden ist.[29])

Gänzlich unberücksichtigt geblieben ist sodann der Vorschlag, für die Einführung der Zwangserziehung besondere Erziehungsämter zu bilden, wie ein solches bereits seit Jahren in Hamburg besteht.[30]) In dem Erziehungsamte sollten neben Verwaltungsbeamten und Juristen vor allem Pädagogen, aber auch Aerzte ihren Sitz haben. Der Vorschlag, welcher ja auch von mir in meinem früheren Vortrage gemacht worden ist, wurde von der vorher erwähnten Kommission der Internationalen Kriminalistischen Vereinigung eingehend begründet und hat wohl überall Beifall ge-

[29]) Das setzt aber voraus, dass sich der Vormundschaftsrichter, wie ich dies oben in Anm. 8 schon gefordert habe, fortgesetzt über die Art der Ausführung der Zwangserziehung und das Verhalten des Zwangszöglings auf dem Laufenden hält, da er sonst eine sachgemässe Entscheidung über die Aufhebung der Zwangserziehung nicht abgeben kann. In treffender Kürze wird eine dahinzielende Bestimmung in dem von Bremen erlassenen Gesetze aufgestellt. Es heisst hier in § 9: „Ueber die Dauer der Unterbringung bestimmt das Vormundschaftsgericht, welches sich zu dem Ende durch Vermittelung der Polizeibehörde oder auf jede andere geeignete Weise wenigstens ein Mal jährlich über die Führung des Pfleglings und die gesammten Verhältnisse Kunde zu verschaffen hat.“ Diese Bestimmung kann — mit Ausnahme der „Vermittelung der Polizeibehörde“, an deren Stelle ich die Vermittelung des Jugendanwalts setzen würde, — vorbildlich sein.

[30]) Vgl. einen vom Oberlehrer Blank-Ohlsdorf am 4. Nov. 1893 über das Hamburgische Zwangserziehungswesen gehaltenen Vortrag, der in der „Hamburgischen Schulzeitung“ 1894 Nr. 7 und 8 abgedruckt ist.

funden; wenigstens ist mir ein Widerspruch gegen den Grundgedanken des Vorschlags nicht bekannt geworden; es sind nur Meinungsverschiedenheiten bezüglich der Zusammensetzung und Organisation des Erziehungsamtes geäussert worden. In einer vortrefflichen Denkschrift hat sich dann noch im Jahre 1898 der Zentralausschuss für die Innere Mission für die Einsetzung solcher Erziehungsämter, und zwar je eines für jede preussische Provinz, ausgesprochen.[31])

In der That ist schon die Entscheidung darüber, ob ein verwahrlostes und der Zwangserziehung überwiesenes Kind in einer Anstalt oder in einer Familie untergebracht werden soll,[32]) eine so schwierige und so schwerwiegende, dass man

---

[31]) Die Denkschrift, welche von dem inzwischen leider verstorbenen Staatsanwalt Dr. Keil-Dresden abgefasst wurde, ist abgedruckt in der „Zeitschrift für die gesammte Strafrechtswissenschaft“ Band 18 S. 704 ff.

[32]) Mit voller Absicht bin ich auf die alte Streitfrage, ob Familien- oder Anstaltserziehung den Vorzug verdient, nicht näher eingegangen; denn eine Beantwortung dieser Frage gehört nicht in das Gesetz. Die Verwaltungsbehörde muss hier freie Hand haben, schon deshalb, weil die Zahl der Familien, welche zur Aufnahme von Zwangszöglingen bereit sind und die wünschenswerthen Garantieen für eine gedeihliche Erziehung der Kinder bieten, in den einzelnen Landestheilen sich sehr verschiedenartig stellt; was in der einen Provinz möglich ist, ist in der anderen Provinz unausführbar. Aber, auch wo diese Verhältnisse die gleichen sind, lässt sich die Frage nach der Art der Unterbringung nur von Fall zu Fall unter Berücksichtigung der Eigenart des Zöglings, des Umfangs und der Ursachen der Verwahrlosung richtig entscheiden. Das wird jetzt auch mehr und mehr anerkannt: auch die begeisterten Anhänger der Familienerziehung räumen jetzt ein, dass es eine grosse Anzahl tiefverdorbener Kinder giebt, bei denen es sich um die Beseitigung der in ihnen bereits eingewurzelten gefährlichen Keime handelt und wo nur die Anstalt mit ihrer planmässigen, zielbewussten Erziehung durch berufsmässige Pädagogen, mit ihrer strengen Zucht und Ordnung, mit ihrer unausgesetzten Beaufsichtigung Erspriessliches leisten kann; Kinder, bezüglich deren anständige Familien wegen der steten Ansteckungsgefahr, welche solche Kinder für ihre Umgebung bilden, sich auch garnicht zur Aufnahme bereit finden werden. Andererseits leugnen die begeisterten Anhänger der Anstaltserziehung nicht, dass es viel schwieriger ist, für ein Kind, das aus einer Erziehungsanstalt entlassen wird, ein angemessenes Fortkommen zu finden, als für ein in einer Familie erzogenes Kind, nicht nur, weil das Leben in der Anstalt immer etwas Gekünsteltes hat und es immer fraglich erscheint, ob das entlassene Kind ohne die leitende Hand des Erziehers sich auf guten Wegen zu halten vermag, sondern v. A. auch, weil dem Kinde aus dem Aufenthalt in

die Entscheidung hierüber nicht ganz in die Hände einer einzelnen Person legen darf. Aber, auch die Ueberwachung der weiteren Ausführung der Zwangserziehung erfordert Fähigkeiten und Kenntnisse, wie sie sich schwerlich in einer Person vereinigt finden werden. Ich will dabei nur besonders die ärztliche Ueberwachung hervorheben. Bei der Mehrzahl der verwahrlosten Kinder muss nicht nur ein moralischer, sondern auch ein leiblicher Reinigungsprozess vorgenommen werden, wenn man von der Zwangserziehung günstige Folgen erhoffen soll. Der Satz mens sana in corpore sano gilt auch hier. Diese Gründe sprechen n. m. M. überzeugend für die Einsetzung besonderer Erziehungsämter.[33])

Nun mag ja die preussische Staatsregierung Bedenken gegen eine solche neue Behörde haben, aber solche Bedenken hätten doch in der amtlichen Begründung des Entwurfes angeführt werden müssen, und man hätte nicht einen Vorschlag, der bisher von Allen, die sich zur Sache geäussert haben, aufgestellt worden ist, einfach todtschweigen sollen.

Ueberhaupt enthält die Begründung über die Frage der Ausführung der Zwangserziehung nur weniges. Sie beschäftigt sich dabei eingehend lediglich mit dem Kostenpunkte und mit der Frage, wie die Kosten zu vertheilen

---

der Anstalt jedenfalls zunächst ein gewisser Makel anhaften bleibt. Eine Kombination von Anstalts- und Familienerziehung ist bei einer grossen Zahl der Zwangszöglinge das Richtige. Darum aber muss von vornherein Vorsorge getroffen werden, damit, sobald es angezeigt ist, ein Wechsel in der Art der Unterbringung stattfindet, und es muss insbesondere dem gesetzlichen Vertreter des Minderjährigen (Pfleger oder Vormund) die Möglichkeit vorbehalten werden, Anträge auf einen Wechsel in der Unterbringung zu stellen. Ein solches Antragsrecht ist im Art. 6 des Hessischen Gesetzes ausdrücklich gegeben, und ich halte die Einfügung einer gleichen Bestimmung in den preussischen Entwurf für empfehlenswerth.

[33]) Auch bei der Berathung des Württembergischen Gesetzes ist der Antrag auf Einsetzung von Erziehungsämtern gestellt und lebhaft vertheidigt worden. Der Antrag wurde zwar abgelehnt, ein anderer Antrag aber angenommen, wonach der Ausschuss der Landarmenbehörde, welchem in Württemberg die Ausführung der Zwangserziehung obliegt, bei allen wichtigen Entscheidungen, insbesondere der über die Art der Unterbringung, durch Zuziehung je eines Vertreters der evangelischen und katholischen Schule zu verstärken ist.

sind. Auch da kommt sie zu dem Schlusse, dass die bisherige Art der Kostenvertheilung einfach beizubehalten sei, wonach dem Ortsarmenverbande die durch die Einlieferung des Zwangszöglings und seine erste Ausstattung entstehenden Kosten zur Last fallen, die übrigen Kosten je zur Hälfte vom Staate und vom Kommunalverbande getragen werden.

Nun ist es sicherlich richtig, dass zwischen den erwähnten drei Faktoren die Kosten vertheilt werden müssen: der Staat hat einen Theil der Kosten zu tragen, weil ein staatliches Interesse vorliegt, dass aus den verwahrlosten und gefährdeten Kindern ordentliche, für das Gemeinwesen brauchbare Bürger erzogen werden, und weil er ferner dadurch, dass die Kinder der drohenden Verbrecherlaufbahn entrissen werden, erhebliche Ersparnisse in seiner Gefängnissverwaltung macht. In gleicher Weise wird der Kommunalverband durch die Zwangserziehung in den von ihm zu tragenden Kosten der Korrektionsanstalten erleichtert, und er ist ausserdem noch als Landarmenverband materiell an der Zwangserziehung interessirt. Für die Ortsarmenverbände endlich ergiebt sich, wie schon vorhin ausgeführt wurde, aus der Zwangserziehung recht vielfach eine Ersparniss an Armenkosten.

Aber eine andere Frage ist es, ob die gegenwärtige Art der Vertheilung der Kosten unter diesen Faktoren eine rationelle ist? Und, hier möchte ich nur ein Moment hervorheben: es ist die grosse Verschiedenheit in der Höhe des Betrages, der nach dem bisherigen Vertheilungsmodus den einzelnen Kommunalverbänden für die Zwangserziehung vom Staate gezahlt wird. Der Staat hat nämlich auf die Höhe der Kosten, die der Kommunalverband für den Zwangszögling gebraucht, eigentlich gar keinen Einfluss, sondern es werden rein mechanisch die Gesammtkosten, die zunächst der Kommunalverband auslegt, getheilt und die sich ergebende Hälfte vom Staate zurück erstattet. Nun arbeiten aber die Kommunalverbände recht verschieden, der eine mehr, der andere weniger sparsam, und es entstehen geradezu kolossale Differenzen zwischen den von den einzelnen Kommunalverbänden pro Kopf und Jahr gebrauchten Kosten.

Hierfür einige wenige Ziffern! Die Stadt Berlin, die einen eigenen Kommunalverband bildet, verbrauchte im Rechnungsjahre 1897/98 pro Kopf des Zwangszöglings 205 M., der Kommunalverband für Ostpreussen dagegen nur 109 M., der Kommunalverband der Rheinprovinz verbrauchte 179 M., der Kommunalverband für Pommern nur 111 M.[34]) Die Folge dieser Verschiedenheit in den aufgewendeten Kosten ist, dass der Staat für jeden Zwangszögling der reichen Stadt Berlin 102,50 M., und für jeden Zwangszögling der reichen Rheinprovinz 89,50 M. erstattete, dagegen den ärmeren Provinzen Ostpreussen und Pommern nur 54,50 resp. 55,50 M. zahlte.

Das entspricht doch sicherlich nicht dem Prinzipe der ausgleichenden Gerechtigkeit, welches auch für das Verhältniss des Staates zu den einzelnen Provinzen seine Berechtigung hat. Würde es diesem Prinzipe nicht besser entsprechen, wenn der Staat einheitlich für die ganze Monarchie einen festen Zuschuss pro Kopf des Zwangszöglings zahlen

---

[34]) Aehnliche grosse Differenzen stellen sich Jahr für Jahr heraus. Nun mag es ja richtig sein, dass die Unterschiede zum Theil auf die verschieden hohen Kosten des allgemeinen Lebensunterhalts in den betr. Bezirken zurückzuführen sind, aber doch nur zum Theil! Wer sich genauer mit der Sache beschäftigt hat, weiss, dass die einzelnen Kommunalverbände in ihrer ganzen ökonomischen Gebahrung sehr differiren. Wenn ein Verband seine Erziehungsanstalt in der Nähe der grossen Stadt einrichtet und mit allem Komfort der Neuzeit ausstattet, muss er natürlich mehr Ausgaben haben, als ein anderer Verband, der mit seiner Erziehungsanstalt weit hinaus auf das Land geht und Alles möglichst sparsam einrichtet. Warum verbraucht der Provinzialverband Brandenburg für die in seinen Anstalten untergebrachten Zwangzöglinge pro Jahr 186 M. 83 Pf., die in derselben Provinz belegene Stadt Berlin für ihre in Anstalten untergebrachten Zwangszöglinge 362 M.? Und, der Sachverständige weiss ferner, dass die kostspieligere Anstalt durchaus nicht immer die bessere ist, und dass es für die meisten Zwangszöglinge sehr zuträglich ist, von ihrer bisherigen Umgebung getrennt und weit entfernt zu sein, und endlich, dass die Beschäftigung mit landwirthschaftlichen Arbeiten, von Anderem abgesehen, jedenfalls am meisten zur Kräftigung der Gesundheit beiträgt.

würde,[35]) einen Zuschuss, dessen Höhe nach dem durchschnittlichen Betrage zu berechnen wäre, den die Erziehung eines Zwangszöglings innerhalb der ganzen Monarchie erfordert? Dieser durchschnittliche Betrag beläuft sich nach meinen Zusammenstellungen auf rund 150 M. pro Kopf. Wenn der Staat hiervon die Hälfte, also 75 M., den Kommunalverbänden zahlen würde, so würden die ärmeren Provinzen erheblich entlastet, während es nicht unbillig erscheint, die reiche Stadt Berlin für den Luxus, dass sie sich Erziehungsanstalten in unmittelbarster Nähe der Stadt, auf theurem Terrain und theuer gebaut, errichtet hat, entsprechend aus dem eigenen Säckel zahlen zu lassen.

Die Herrenhaus-Kommission hat den Gesetzentwurf hinsichtlich der Kostenvertheilung in einer andern Weise abändern zu sollen geglaubt. Sie hat es nämlich zwar dabei belassen, dass der Staat die Hälfte der Baukosten den Kommunalverbänden zu erstatten habe, sie hat aber den Zuschuss des Staates zu allen übrigen Ausgaben, also zu den laufenden Verwaltungskosten, von $^1/_2$ auf $^3/_4$ erhöht. Eine Erklärung der Staatsregierung, ob sie den durch diesen Vorschlag herbeigeführten erheblichen Mehraufwand für die Zwangserziehung auf sich zu nehmen bereit ist, ist noch nicht abgegeben. Sollte die Staatsregierung dazu bereit sein, so erscheint mir die Frage sehr naheliegend, ob es sich dann nicht mehr empfehlen würde, dass der Staat die Zwangserziehung in die eigene Hand nimmt, und sich den nunmehr geringeren Beitrag der Kommunalverbände von diesen erstatten lässt?

Ich kann selbsverständlich hier das grosse Problem

---

[35]) So macht es nicht nur England, sondern so ist die Sache auch in dem vortrefflichen Norwegischen Gesetze vom 6. Juni 1896 geregelt, dessen Abdruck als Anlage 9 zu dem Entwurfe sehr erfreulich ist. — Wie der pro Kopf zu zahlende Zuschuss am rationellsten zu bemessen ist, ob dabei ein Unterschied zwischen Unterbringung in einer Anstalt und in einer Familie gemacht, ob für die einzelnen Altersklassen ein verschieden hoher Zuschuss gezahlt werden sollte, auf alle diese Detailfragen gehe ich hier nicht ein, es kam mir nur darauf an, das Prinzip hervorzuheben.

„Staatsverwaltung oder Selbstverwaltung durch die Kommunalverbände?“ nicht erörtern; doch das ist ohne Weiteres klar, dass der Staat in seinen Regierungen Organe besitzt, die sich sehr wohl zur Ausführung der Zwangserziehung eignen würden. In jeder Regierung sind neben den Verwaltungsbeamten ein oder mehrere Justiziare, Regierungs- und Schulräthe, Regierungs- und Medizinalräthe, Regierungs- und Bauräthe vorhanden, und man könnte so ohne Weiteres ein Kollegium zusammenstellen, in dem all die Kenntnisse und Fähigkeiten, welche zu einer rationellen Ausführung der Zwangserziehung erforderlich sind, vertreten wären. Und, trotz ausreichender Dezentralisation in der Verwaltung würde es so viel eher möglich sein, den Charakter der Zwangserziehung als einer staatlichen Massregel durch einheitliche Leitung des ganzen Apparates von der Zentralstelle des Ministeriums aus sicher zu stellen,[36]) als bei Ueberlassung der Zwangserziehung an die Kommunalverbände, von denen jeder einzelne die Zwangserziehung nach anderen Grundsätzen handhaben kann, und wogegen auch das im § 20 des Entwurfs dem Oberpräsidenten vorbehaltene Aufsichts- und Revisionsrecht keinen genügenden Schutz bietet.

[36]) Einen Vortheil, den die Uebernahme des ganzen Zwangserziehungswesens auf den Staat bringen würde, möchte ich hier noch besonders hervorheben: er besteht darin, dass es weit besser als jetzt möglich wäre, bei der Unterbringung der Zwangszöglinge zu individualisiren. Es könnten besondere Anstalten für körperlich einer Pflege bedürftige, für geistig zurückgebliebene, für sittlich stark verwahrloste Kinder errichtet werden. Das Bedürfniss, für die letztere Klasse von Kindern, welche schon weit auf den Bahnen des Verbrechens vorgeschritten sind, besondere Anstalten zu errichten, hat sich in England klar gezeigt, und auch das Norwegische Gesetz sieht besondere Anstalten für ältere Kinder vor, „welche strafbare Handlungen schwererer Natur verübt haben, oder deren Betragen auf andere Weise zeigt, dass sie in besonderem Grade sittlich verkommen sind“. Man gebe dann auch bei uns den Anstalten für solche verbrecherischen Kinder einen besonderen Namen, und zwar den „der Besserungsanstalten“, und bezeichne die anderen Anstalten als „Erziehungsanstalten“. Durch die unterschiedslose Zusammenwerfung dieser beiden Namen thut man bei uns den bloss verwahrlosten, noch nicht verkommenen Kindern einen schweren Schaden, man hindert ihr späteres Fortkommen, sie werden auf die gleiche Stufe mit den verbrecherischen Kindern gestellt, und es bleibt an ihnen ungerechter Weise auch derselbe Makel haften.

Wenn die Zwangserziehung in einem über ihr bisheriges Anwendungsgebiet so weit hinausgehenden Umfange ausgeführt wird, wie es vorgeschlagen ist, — die Begründung nimmt an, dass sich die Zahl der Zwangszöglinge[37]) gerade verdoppeln würde, — so muss man besondere Garantien für eine einheitliche und zweckmässige Durchführung der Massregel schaffen. Nach meiner Ueberzeugung aber bieten die in dem Entwurfe enthaltenen Bestimmungen weder für die einheitliche noch für die rationelle Durchführung genügende Garantien.

Lassen Sie mich diesbezüglich nur ein paar Punkte herausgreifen.

Dem Kommunalverbande ist es nach dem Entwurfe gestattet, die Zwangszöglinge in bestehenden Privatanstalten unterzubringen. Nun ist es sicherlich durchaus zweckmässig und auch aus finanziellen Gründen geboten, die bereits vorhandenen Anstalten, soweit irgend angängig, auszunutzen. Aber, es müssen Garantien geschaffen werden, dass die Privatanstalt, in welcher ein Zwangszögling untergebracht wird, wirklich denAnforderungen genügt, die man an eine Zwangserziehungsanstalt stellen muss, und es muss ferner eine geeignete Ueberwachung der Privatanstalt, in die ein Zwangszögling gebracht ist, stattfinden. Von alledem enthält der Entwurf so gut wie nichts. Das Mindeste, was man fordern müsste, wäre doch, dass vor der Benutzung einer Privatanstalt zur Unterbringung von Zwangszöglingen dieselbe durch geeignete staatliche Beamte daraufhin untersucht würde, ob sie nach ihren baulichen Einrichtungen, nach den Vorkehrungen für die Gesundheit der Insassen, nach ihrem Lehrplane, nach der so überaus wichtigen Seite einer nothwendigen Beschäftigung der Insassen — insbesondere auch mit landwirthschaftlichen Arbeiten — für den Zweck ge-

---

[37]) Die Gesammtzahl der am 31. März 1899 auf Grund des Gesetzes vom 31. März 1878 in Zwangserziehung befindlichen Kinder betrug: 10 759, davon waren in Familien untergebracht: 5188, also nicht ganz die Hälfte.

eignet ist.[38]) In dem „freien“ England darf kein Zwangszögling in einer Privatanstalt untergebracht werden, die nicht ein vom Ministerium ausgestelltes Certifikat darüber besitzt, dass sie den oben erwähnten Anforderungen genügt. Und dies Certifikat kann jederzeit entzogen werden, wenn die Privatanstalt den Anordnungen nicht Folge leistet, die von einem der staatlichen Inspektoren, welche die Anstalten fortgesetzt visitiren, getroffen wird. Dem gegenüber findet sich der preussische Entwurf mit der lakonischen Bemerkung ab: „In Betreff der Privatanstalten behält es bei den bisherigen Vorschriften sein Bewenden“, d. h. in verständliches Deutsch übersetzt: es steht dem Regierungspräsidenten (jetzt der Regierungsabtheilung für Kirchen und Schulen) gemäss der alten Instruktion von 1817 ein Aufsichtsrecht über sie lediglich in derselben Weise zu, wie über alle anderen Schulen und Erziehungsanstalten.[39])

Noch schlimmer ist eine Bestimmung, welche die Herrenhaus-Kommission in den Entwurf hineingebracht hat. Danach dürfen die Kommunalverbände Zwangszöglinge auch in einer Korrektionsanstalt oder in einem Landarmenhause unterbringen, und diese Befugniss ist ihnen bis zum 1. April 1903 ohne jede Einschränkung, nach diesem Zeitpunkt allerdings nur im Falle gewisser, aber nicht sehr erheblicher

[38]) Vor Allem hinsichtlich einer geordneten körperlichen Beschäftigung der Zöglinge lassen viele Privatanstalten zu wünschen übrig; der Werth der schaffenden, gestaltenden, produzirenden Thätigkeit als eines wichtigen Erziehungsmittels wird lange nicht genug gewürdigt. Zum Theil ist daran allerdings die Kleinheit mancher Privatanstalt schuld. In einer Erziehungsanstalt sollte nicht nur ein einzelnes Handwerk gelehrt, sondern die Insassen sollten zur Befriedigung aller Anstaltsbedürfnisse angelernt werden (Schneiderei, Schusterei, Tischlerei, Buchbinderei u. s. w.), v. A. aber müsste darauf gehalten werden, dass Gelegenheit zu Garten- und Feldarbeit in der Anstalt vorhanden ist.

[39]) Wenn in der, an meinen Vortrag sich anschliessenden Debatte hervorgehoben wurde, dass daneben ja noch gemäss § 20 des Entwurfs eine Oberaufsicht durch den Oberpräsidenten und in höherer Instanz durch den Minister des Innern stattfinde, so ist das richtig; es wird ja auch den verschiedenen Aufsichtsinstanzen möglich sein, bei direkten Missständen einzuschreiten. Das genügt aber n. m. M. nicht; es ist vor Allem nothwendig, dass Vorkehrungen getroffen werden, damit das Kind überhaupt nicht in eine Privatanstalt kommt, welche für die Zwecke der Zwangserziehung nicht geeignet ist.

Vorkehrungen gegeben. Ja, meine Herren, wie es mit einem Hauptzwecke der Zwangserziehung, nämlich dem, die gefährdeten Kinder vor dem Gefängnisse zu bewahren, verträglich ist, diese Kinder in eine Anstalt einzusperren, wo sich nur verderbtere Elemente befinden, und wo die Kinder, welche Vorkehrungen immer getroffen werden mögen, nothwendigerweise in Berührung mit diesen verderbteren Elementen kommen werden, ist mir unverständlich.

Wenn man wirklich zu der Ueberzeugung gelangen sollte, dass wir zur Zeit nicht in der Lage sind, den Zuwachs an Zwangszöglingen, den die neuen Gesetzesbestimmungen mit sich führen werden, in geeigneter Weise unterzubringen, eine Ueberzeugung, die ich nach den in den Anlagen zu dem preussischen Gesetzentwurfe mitgetheilten Ziffern über die leerstehenden Plätze in den Erziehungsanstalten nicht theile,[40]) so soll man lieber das Inkrafttreten des neuen Gesetzes etwas hinausschieben, damit inzwischen die geeigneten Vorkehrungen getroffen werden können.

Nicht Zwangserziehung als solche ist dasjenige, was erstrebenswerth erscheint, sondern eine Zwangserziehung, die so gestaltet ist, dass sie wirklich ihre hohe soziale Aufgabe erfüllen kann.

Und damit, meine Herren, möchte ich schliessen. Es sind zwar noch manche andere Punkte in dem Gesetzentwurf, gegen die ich Bedenken habe.[41]) Aber ich darf Ihre Zeit nicht länger in Anspruch nehmen.

---

[40]) Danach waren am 31. März 1898 in Anstalten, welche Zwangszöglinge aufnahmen, 3827 Plätze unbesetzt. Nun bin ich allerdings der Ansicht, dass sich bei genauer Prüfung eine ganze Anzahl der dabei angeführten Privatanstalten als nicht geeignet zur Aufnahme von Zwangszöglingen herausstellen wird. Aber, es sind nicht weniger als 667 Plätze in öffentlichen Anstalten, die sich im Besitze der Gemeinden, Kreise, Provinzen oder des Staats befinden, frei, und von den 3160 freien Plätzen in den anderen Anstalten wird man doch, wenn man auch noch so pessimistisch denkt, immerhin die Hälfte als benutzbar annehmen dürfen.

[41]) Ich verweise insbes. auf die kritischen Bemerkungen welche in dem im Anhange abgedruckten Entwurfe bei §§ 12 und 21 noch gemacht sind.

Mein Gesammturtheil über den Entwurf fasse ich dahin zusammen: Es ist dankbar zu begrüssen, dass die preussische Staatsregierung sich bereit gefunden hat, den Kreis der gefährdeten Kinder, gegen welche ein staatliches Einschreiten im Wege der Zwangserziehung zulässig sein soll, erheblich zu erweitern; aber es bleibt noch mancherlei an dem Gesetzentwurf zu ändern, wenn ein günstiger Erfolg mit Sicherheit von dem neuen Gesetze erwartet werden soll. Mögen unsere gesetzgebenden Faktoren die bessernde Hand an den Entwurf legen, frei von jeder Kleinmüthigkeit und eingedenk des Wortes:

Wer die Jugend hat, hat die Zukunft!

Anhang.

Entwurf eines Gesetzes über die Zwangserziehung Minderjähriger.

Wir Wilhelm, von Gottes Gnaden König von Preussen etc.

verordnen mit Zustimmung beider Häuser des Landtags für den Umfang der Monarchie, was folgt:

§ 1.

Zwangserziehung im Sinne dieses Gesetzes ist die Erziehung verwahrloster oder der Verwahrlosung ausgesetzter Minderjähriger unter öffentlicher Aufsicht und auf öffentliche Kosten in einer geeigneten Familie oder in einer Erziehungs- oder Besserungs-Anstalt.

Zu § 1. Hier wird im Widerspruch mit der modernen deutschen Gesetzestechnik eine Legaldefinition aufgestellt. Abgesehen davon dass der alte Satz der Digesten „omnis definitio periculosa est" auch im heutigen Rechte seine Berechtigung behält, ist es sicherlich unerwünscht, dass es nunmehr zwei Arten von Zwangserziehung geben würde: eine reichsgesetzliche und eine landesgesetzliche. Die Veranlassung zu dem § 1 liegt ausschliesslich in dem Umstande, dass im § 2 Einschränkungen bezüglich der Zwangserziehung aus den §§ 1666 u. 1838 B.G.B. vorgenommen werden. Darüber, dass es sich empfiehlt, diese Einschränkungen zu beseitigen, vergl. die Ausführungen auf S. 21—23. Erfolgt die Beseitigung, so kann der § 1 ganz gestrichen werden.

§ 2.

Der Zwangserziehung kann überwiesen werden ein Minderjähriger, welcher das 18. Lebensjahr noch nicht vollendet hat,

1. wenn die Voraussetzungen des § 1666 oder des § 1838 des Bürgerlichen Gesetzbuchs vorliegen und die Zwangserziehung erforderlich ist, um die sittliche Verwahrlosung des Minderjährigen zu verhüten;
2. wenn der Minderjährige eine strafbare Handlung begangen hat, wegen der er in Anbetracht seines jugendlichen Alters strafrechtlich nicht verfolgt werden kann, und die Zwangserziehung mit Rücksicht auf die Beschaffenheit der Handlung, die Persönlichkeit der Eltern oder sonstigen Erzieher und die übrigen Lebensverhältnisse zur Verhütung weiterer sittlicher Verwahrlosung des Minderjährigen erforderlich ist;
3. wenn die Zwangserziehung ausser diesen Fällen wegen Unzulänglichkeit der erziehlichen Einwirkung der Eltern oder sonstigen Erzieher oder der Schule zur Verhütung des völligen sittlichen Verderbens nothwendig ist.

Zu § 2. Kommt die Einschränkung bezüglich der Zwangserziehung in den Fällen der §§ 1666 u. 1838 B.G.B. in Fortfall, so dürfte der Paragraph dahin gefasst werden können:

Der Zwangserziehung kann ein Minderjähriger durch Beschluss des Vormundschaftsgerichts überwiesen werden

1. wenn die Voraussetzungen des § 1666 oder des § 1838 B.G.B. vorliegen;
2. wenn . . . (wie in Ziffer 2 des Entwurfs);
3. wenn der Minderjährige das 18. Lebensjahr noch nicht vollendet hat und die Zwangserziehung wegen Unzulänglichkeit . . . (wie in Ziffer 3 des Entwurfs).

Bei der Ziffer 2 ist die Hervorhebung der Altersgrenze von 18 Jahren überflüssig (§ 55 R.Str.G.B.). Dagegen ist mit Rücksicht auf die Ueberweisung zur Zwangserziehung durch den Strafrichter im Falle des § 56 Abs. 2 R.Str.G.B. (vergl. unten die Note zu § 20) bei § 2 hervorzuheben, dass der Beschluss vom Vormundschaftsgerichte ausgeht.

§ 3.

Die Unterbringung zur Zwangserziehung erfolgt, nachdem das Vormundschaftsgericht durch Beschluss das Vorhandensein der Voraussetzungen des § 2 unter Bezeichnung der für erwiesen erachteten Thatsachen festgestellt und die Unterbringung angeordnet hat.

§ 4.

Das Vormundschaftsgericht beschliesst von Amtswegen oder auf Antrag. Zur Stellung des Antrages ist der Landrath (in den Hohenzollernschen Landen der Oberamtmann), in Stadtkreisen der Magistrat und der Vorstand der Königlichen Polizeiverwaltung berechtigt und verpflichtet.

Vor der Beschlussfassung soll das Vormundschaftsgericht, soweit dies ohne erhebliche Schwierigkeit geschehen kann, die Eltern, den gesetzlichen Vertreter des Minderjährigen und in allen Fällen den Gemeindevorstand, den zuständigen Geistlichen und den Leiter oder Lehrer der Schule, welche der Minderjährige besucht oder zuletzt besucht hat, hören. Auch hat, wenn die Beschlussfassung nicht auf Antrag erfolgt, das Vormundschaftsgericht zuvor dem Landrathe (Oberamtmann, Magistrate, Polizeibehörde) unter Mittheilung der Akten Gelegenheit zu einer Aeusserung zu geben.

Der Beschluss ist dem gesetzlichen Vertreter des Minderjährigen, diesem selbst, wenn er das vierzehnte Lebensjahr vollendet hat, dem Landrathe (Oberamtmann, Magistrate, Polizeibehörde) und dem verpflichteten Kommunalverbande (§ 14) zuzustellen.

Gegen den Beschluss findet die sofortige Beschwerde statt. Die Beschwerde hat aufschiebende Wirkung.

Zu § 4 Abs. 1. Die Herrenhaus-Kommission schlägt vor, den Satz 2 folgendermassen zu fassen: Zur Stellung des Antrags sind berechtigt und verpflichtet:

der Landrath (in den Hohenzoll. Landen der Oberamtmann),
in Städten mit mehr als 10 000 Einwohnern auch der Gemeinde-Vorstand,
in Stadtkreisen der Gemeinde-Vorstand und der Vorstand der Kgl. Polizeiverwaltung.

Ich habe S. 27—31 die Ansicht vertreten, dass zu einer erfolgreichen Durchführung des Gesetzes die Anstellung eines besonderen Beamten (des Jugendanwalts) erforderlich ist, dem das ausschliessliche Antragsrecht einzuräumen wäre.

Zu § 4 Abs. 2 u. 3. Die Herrenhauskommission hat, entsprechend der Aenderung in Abs. 1, an Stelle des Wortes „Magistrat“ das Wort „Gemeindevorstand“ gesetzt.

Im § 3 des Gesetzes vom 13. März 1878 war der Staatsanwaltschaft die Verpflichtung auferlegt, dem Vormundschaftsgerichte von strafbaren Handlungen, die unter § 55 R.Str.G.B. fallen und die zu ihrer Kenntniss gekommen sind, Mittheilung zu machen. Wenn nicht ein besonderer, dem ersten Staatsanwalte unterstehender Beamter mit der Ermittelung der unter das Gesetz fallenden Fälle und mit der Antragstellung beauftragt wird — wie ich es vorschlage —, so dürfte sich eine gleiche Bestimmung in dem neuen Gesetze empfehlen; ich würde es sogar weiter für richtig halten, auch den kirchlichen und Schulbehörden sowie der Polizei die Verpflichtung aufzuerlegen, von den zu ihrer Kenntniss kommenden Fällen, in denen ein Einschreiten auf Grund des Gesetzes erwünscht erscheint, Mittheilung zu machen.

Zu § 4 Abs. 4. Der Entwurf enthält nichts darüber, wem die sofortige Beschwerde zustehen soll. Die Herrenhaus-Kommission hat zur Beseitigung dieses Mangels vorgeschlagen, dass das Beschwerderecht „den in Abs. 3 Genannten“ gewährt wird. Ich glaube, dass zwischen den Fällen, wo der Beschluss des Vormundschaftsgerichts auf Anordnung der Zwangserziehung und wo er auf Ablehnung der Zwangserziehung geht, ein Unterschied zu machen ist (vergl. Anm. 25 auf S. 32). Ich glaube aber auch ferner, dass es sich empfiehlt, die Regelung des Beschwerderechts in einem besonderen, hinter § 5 zu setzenden Paragraphen vorzunehmen, weil auch im Falle des § 5 eine Beschwerde zulässig sein muss, die aber hier keine aufschiebende Wirkung haben darf.

§ 5.

Bei Gefahr im Verzuge kann das Vormundschaftsgericht eine vorläufige Unterbringung des Minderjährigen anordnen. Die Polizeibehörde des Aufenthaltsortes hat in diesem Falle für die Unterbringung des Minderjährigen in einer Anstalt oder in einer geeigneten Familie zu sorgen.

Die daraus erwachsenden Kosten fallen, sofern die Ueberweisung zur Zwangserziehung demnächst endgültig angeordnet wird, dem verpflichteten Kommunalverbande (§ 14), anderenfalls demjenigen zur Last, welcher die Kosten der örtlichen Polizeiverwaltung zu tragen hat. Die Polizeibehörde hat in allen Fällen die durch die vorläufige Unterbringung entstehenden Kosten vorzuschiessen.

Zu § 5. Die Herrenhaus-Kommission hat vorgeschlagen, die Kosten dieser „fürsorglichen Unterbringung", falls nicht demnächst die Zwangserziehung endgültig angeordnet wird, dem Staate zur Last zu legen, und nicht dem Träger der örtlichen Polizeiverwaltung. Sie hat ferner einen Absatz 3 hinzugefügt:

> „Streitigkeiten über die Angemessenheit der dem Erstattungspflichtigen in Rechnung gestellten Vorschüsse der Polizeibehörde entscheidet der Bezirksausschuss im Beschlussverfahren. Der Beschluss des Bezirksausschusses ist endgültig."

§ 6.

Hat die in § 4 angeordnete Anhörung der Eltern oder des gesetzlichen Vertreters nicht stattfinden können, so sind dieselben berechtigt, die Wiederaufnahme des Verfahrens zu verlangen.

§ 7.

Soweit nicht in diesem Gesetze ein Anderes bestimmt ist, finden auf das gerichtliche Verfahren die allgemeinen Vorschriften über die durch Landesgesetz den ordentlichen Gerichten übertragenen Angelegenheiten der freiwilligen Gerichtsbarkeit Anwendung.

§ 8.

Die gerichtlichen Verhandlungen sind gebühren- und stempelfrei; die baaren Auslagen fallen der Staatskasse zur Last. Verträge über die Unterbringung von Zwangszöglingen sind ebenfalls stempelfrei.

§ 9.

Die Ausführung der Zwangserziehung liegt dem verpflichteten Kommunalverbande ob (§ 14); er entscheidet darüber, in welcher Weise der Zögling untergebracht werden soll. Die Einlieferung der Zöglinge hat durch die Polizeibehörde des Aufenthaltsortes zu erfolgen.

Zu § 9. Nach meiner Meinung würde es der Disposition des Gesetzes besser entsprechen, vor den § 9 den § 14 zu setzen, welcher die Bestimmung darüber enthält, wer der Träger der Zwangserziehung sein soll.

Zu § 9 Satz 1. Für die Ausführung der Zwangserziehung schlage ich S. 35—37 besondere Erziehungsämter vor. — Das Hessische Gesetz bestimmt im Art. 6, dass vor der Entscheidung über die Art der Ausführung der Zwangserziehung das Vormundschaftsgericht gutachtlich zu hören sei. Das Württembergische Gesetz, welches für die Entscheidung über die Art der Ausführung eine Verstärkung des Ausschusses der zuständigen Landarmenbehörde durch Zuziehung je eines Vertreters der evangelischen und der katholischen Schule anordnet, bestimmt ausserdem, dass vor der Beschlussfassung die Eltern oder der Vormund sowie eine Anzahl Behörden (Gemeindewaisenrath, Pfarramt, Schulbehörde) zu hören sind (Art. 9).

Sehr zweckmässig ist die Bestimmung des Hessischen Gesetzes, dass die angeordnete Art der Unterbringung jederzeit von Amtswegen oder auf Antrag, insbesondere der Eltern, des Vormundes oder des Pflegers, geändert werden kann, falls eine derartige Aenderung zur Erreichung des Zweckes der Zwangserziehung oder aus sonstigen Gründen geboten erscheint.

Empfehlenswerth ist ferner eine ausdrückliche Bestimmung, wie in dem Württembergischen Gesetze, dahin zu treffen „Von der Unterbringung in einer Familie oder Anstalt ist dem Vormundschaftsgericht Mittheilung zu machen“ vergl. Anm. 8 auf S. 13.

§ 10.

Die Unterbringung der Zöglinge darf nicht in einem Arbeitshause oder Landarmenhause erfolgen, in Anstalten, welche für Kranke, Gebrechliche, Idiote, Taubstumme und Blinde bestimmt sind, nur insoweit und so lange, als der körperliche oder geistige Zustand des Zöglings dies erfordert.

In Ausführung einer eingeleiteten Zwangserziehung kann die Erziehung in der eigenen Familie des Zöglings unter Aufsicht des Kommunalverbandes widerruflich angeordnet werden.

Zu § 10 Abs. 1. Die Herrenhaus-Kommission hat das Verbot der Unterbringung in einem Arbeitshause oder Landarmenhause beseitigt und statt dessen bestimmt:

„Die Zöglinge dürfen in einer Arbeitsanstalt oder in einer Landarmenanstalt nur nach Zurücklegung des schulpflichtigen Alters und getrennt von den übrigen Häuslern, in besonderen Gebäuden untergebracht werden;"

vergl. dazu ferner den zu § 23 von der Kommission gemachten Zusatz.

Mit aller Energie muss hiergegen betont werden, dass durch die Zulassung der Unterbringung der Kinder in solchen Anstalten, wo sich dem Verbrechen bereits anheimgefallene Personen befinden, der Zweck des Gesetzes auf das Aeusserste gefährdet werden würde (vergl. meine Ausführungen S. 43/44). Dem unglücklichen Kinde, das in eine solche Anstalt gebracht würde, wäre auf Lebenszeit der Stempel des Verbrechers aufgedrückt!

Zu § 10 Abs. 2. S. 32/33 habe ich ausgeführt, dass dieser Absatz zu streichen sein dürfte.

Dagegen wäre als Abs. 2 oder besser noch in einem besonderen Paragraphen eine Bestimmung dahin einzurücken, dass zur Unterbringung von Zwangszöglingen private Anstalten nur dann benutzt werden dürfen, wenn sie ein von dem Minister des Innern (event. auch von dem Minister der geistl., Unterrichts- und Medizinal-Angelegenheiten) ausgestelltes Certifikat besitzen, dahin gehend, dass sie den an eine Zwangserziehungsanstalt zu stellenden Anforderungen entsprechen. Vergl. S. 42/43.

Endlich dürfte die im § 19 gegebene Bestimmung richtiger ihren Platz hier hinter § 10 finden.

§ 11.

Für jeden in einer Familie untergebrachten Zögling ist von dem Kommunalverbande eine geeignete Fürsorge zur Ueberwachung der Erziehung und Pflege des Zöglings anzuordnen. Die Fürsorge kann auch Frauen übertragen werden.

Zu § 11. S. 33/34 habe ich gegen diese Bestimmung Bedenken erhoben, weil hier leicht Konflikte mit Organen des Vormundschaftsgerichts entstehen können; vergl. auch die in Anm. 28 auf S. 34 angeführte Regelung der Sache in dem Württemberg. Gesetze.

§ 12.

Auf Antrag des verpflichteten Kommunalverbandes kann, unbeschadet der Vorschriften des Art. 78 § 1 des Ausführungsgesetzes zum Bürgerlichen Gesetzbuche, der Vorstand einer unter staatlicher Aufsicht stehenden Erziehungsanstalt vor den nach § 1776 des Bürgerlichen Gesetzbuchs als Vormünder berufenen Personen zum Vormunde der auf Grund der §§ 3 ff. in der Anstalt untergebrachten Zöglinge bestellt werden.

Das Gleiche gilt für Zöglinge, die unter der Aufsicht des Vorstandes der Anstalt in einer von ihm ausgewählten Familie erzogen werden; liegt die Beaufsichtigung der Zöglinge einem von dem verpflichteten Kommunalverbande bestellten Beamten ob, so kann dieser auf Antrag des Kommunalverbandes statt des Vorstandes der Anstalt zum Vormunde bestellt werden.

Neben dem nach den Vorschriften der Abs. 1, 2 bestellten Vormunde ist ein Gegenvormund nicht zu bestellen. Dem Vormunde stehen die nach § 1852 des Bürgerlichen Gesetzbuchs zulässigen Befreiungen zu.

Zu § 12 Abs. 1 u. 2. Die Bestellung des Vorstandes einer Privatanstalt zum Vormunde eines darin untergebrachten Zwangszöglings erscheint mir ausgeschlossen, so lange nicht eingehende Bestimmungen darüber getroffen sind, unter welchen Voraussetzungen Privatanstalten für die Zwangserziehung benutzt werden dürfen (vergl. die Note zu § 10 Abs. 2), und solange nicht eine wirksame staatliche Aufsicht über die Privatanstalten sicher gestellt ist (vergl. S. 43, insbes. Anm. 39). Aber auch wenn diese Voraussetzungen erfüllt sind, ist die Bestellung des Anstaltsvorstandes zum Vormunde nicht ganz unbedenklich. Die Sache liegt bei den Privatanstalten anders, als bei den unter der Verwaltung des Staates oder einer Gemeindebehörde stehenden Anstalten des Art. 78 Preuss. A.G. z. B.G.B., weil bei den Privatanstalten häufig ein materielles Interesse, das die anderen Anstalten nicht haben können, daran vorhanden ist, die Zwangszöglinge, für die sie ja einen Beitrag vom Kommunalverband erhalten, möglichst lange in der Anstalt zu behalten, insbesondere dann, wenn sich die Zöglinge bereits durch ihre Arbeitskraft für die Anstalt nützlich erweisen. In dieser Beziehung sind in England recht böse Erfahrungen gemacht worden, und man sollte deshalb dem in einer Privatanstalt untergebrachten Zöglinge den Schutz eines besonderen Vormundes nicht entziehen.

Zu § 12 Abs. 3. Aus den eben dargelegten Gründen dürfte jedenfalls der Satz, dass ein Gegenvormund nicht zu bestellen ist, zu streichen sein, damit das Vormundschaftsgericht in dieser Beziehung freie Hand hat (§ 1792 B.G.B.).

§ 13.

Die Aufhebung der Zwangserziehung erfolgt durch Beschluss des Kommunalverbandes von Amtswegen oder auf Antrag der Eltern oder des gesetzlichen Vertreters des Minderjährigen, wenn der Zweck der Zwangserziehung erreicht oder die Erreichung des Zweckes anderweit sichergestellt ist. Die Aufhebung kann unter Vorbehalt des Widerrufs beschlossen werden.

Gegen den ablehnenden Beschluss des Kommunalverbandes kann der Antragsteller binnen einer Frist von zwei Wochen vom Tage der Zustellung ab die Entscheidung des Vormundschaftsgerichts anrufen. Gegen den Beschluss des Vormundschaftsgerichts findet die Beschwerde statt. Die Beschwerde des Kommunalverbandes hat aufschiebende Wirkung.

Ein abgewiesener Antrag darf vor Ablauf von sechs Monaten nicht erneuert werden.

Zu § 13. Diese Bestimmungen entsprechen zwar im Wesentlichen denjenigen des Gesetzes von 1878; ich habe aber S. 35 ausgeführt, dass ich es für richtiger halte, die Entscheidung über die definitive Entlassung ausschliesslich dem Vormundschaftsgerichte zu geben und den Kommunalverband lediglich zu einer widerruflichen Entlassung für befugt zu erklären. Bezüglich der widerruflichen Entlassung, die ich als allmähliche Ueberleitung aus der Zwangserziehung in das bürgerliche Leben und als Prüfstein, ob sich der Zögling ohne die leitende Hand des Erziehers auf geordneten Wegen zu halten vermag, für eine ganz besonders nützliche Einrichtung halte, müssten im Gesetze nähere Bestimmungen getroffen werden, wie sie im Art. 15 des Württemberg. Ges. enthalten sind. Dort ist bestimmt, dass jederzeit widerrufliche Entlassung eintreten kann „ohne dass hierdurch die Anordnung der Zwangserziehung aufgehoben würde. Vor der Beschlussfassung über die widerrufliche Entlassung ist der Gemeindewaisenrath und der Fürsorger oder der Vorstand der Anstalt zu hören. Die Entlassung darf erst erfolgen, wenn für den zu entlassenden Minderjährigen ein geeignetes Unterkommen beschafft ist. Von der widerruflichen Entlassung ist dem Vormundschaftsgericht Mittheilung zu machen."

§ 14.

Die Provinzialverbände, in der Provinz Hessen-Nassau die Bezirksverbände der Regierungsbezirke Wiesbaden und Cassel, der Lauenburgische Landeskommunalverband, der Landeskommunalverband der Hohenzollernschen Lande, sowie der Stadtkreis Berlin sind verpflichtet, die Unterbringung der durch Beschluss des Vormundschaftsgerichts zur Zwangserziehung überwiesenen Minderjährigen in einer den Vorschriften dieses Gesetzes entsprechenden Weise zu bewirken. Sie haben für die Errichtung von Erziehungs- und Besserungs-Anstalten zu sorgen, soweit es an Gelegenheit fehlt, die Zöglinge in geeigneten Familien, sowie in öffentlichen, kirchlichen oder privaten Anstalten unterzubringen; auch soweit nöthig für ein angemessenes Unterkommen nach Beendigung der Zwangserziehung zu sorgen.

Zur Unterbringung verpflichtet ist derjenige Kommunalverband, in dessen Gebiete der Ort liegt, als dessen Vormundschaftsgericht das Gericht Beschluss gefasst hat.

Zu § 14. Dieser Paragraph dürfte besser seine Stelle vor § 9 finden.

Vor den Worten „kirchlichen oder privaten Anstalten" wäre einzuschieben „oder geeigneten" vergl. Note zu § 10 Abs. 2.

§ 15.

Die Kosten, welche durch Einlieferung in die Familie oder Anstalt und die dabei nöthige reglementsmässige erste Ausstattung des Zöglings und durch die Rückreise des Entlassenen erwachsen, fallen dem Ortsarmenverbande, in welchem der Zögling seinen Unterstützungswohnsitz hat, alle übrigen Kosten des Unterhalts und der Erziehung sowie der Fürsorge bei der Beendigung der Zwangserziehung den Kommunalverbänden zur Last.

Letztere erhalten dazu aus der Staatskasse einen Zuschuss in der Höhe der Hälfte dieser Ausgaben, dessen Betrag entweder im Einverständnisse mit den einzelnen Kommunalverbänden periodisch als Pauschsumme oder, soweit ein Einverständniss nicht erreicht ist, jährlich auf Liquidation der im Vorjahre aufgewendeten Kosten vom Minister des Innern festgestellt wird.

§ 16.

Die Kommunalverbände sind berechtigt, die Erstattung der Kosten des Unterhalts eines Zöglings während der Zwangserziehung von diesem selbst und soweit dies nicht möglich ist, von den zu seinem Unterhalt Verpflichteten zu fordern.

Für die Erstattungsforderung sind Tarife zu Grunde zu legen, welche von dem Minister des Innern nach Anhörung der Kommunalverbände festgesetzt werden. Die Kosten der allgemeinen Verwaltung der Zwangserziehung, des Baues und der Unterhaltung der von den Kommunalverbänden errichteten Anstalten bleiben hierbei ausser Ansatz. Wird gegen die Erstattungsforderung Widerspruch erhoben, so beschliesst darüber auf Antrag des Kommunalverbandes der Kreisausschuss (Amtsausschuss), in Stadtkreisen der Stadtausschuss. Der Beschluss ist vorbehaltlich des ordentlichen Rechtsweges endgültig. Die Hälfte der von den Erstattungspflichtigen eingezogenen Beträge ist auf den Beitrag des Staats anzurechnen.

Zu §§ 15, 16. Die Herrenhaus-Kommission schlägt vor, den Zuschuss aus der Staatskasse (§ 15 Abs. 2) zu bestimmen auf „$^3/_4$ dieser Ausgaben und in Höhe der Hälfte der Kosten des Baues und Erweiterungsbaues der von den Kommunalverbänden zu errichtenden Anstalten“ und dementsprechend in § 16 Abs. 2 letzten Satz nicht die Hälfte, sondern $^3/_4$ der eingezogenen Beträge auf den Beitrag des Staates anzurechnen; ausserdem in § 16 Abs. 2 statt „Kreisausschuss, in Stadtkreisen der Stadtausschuss“ zu sagen „Bezirksausschuss“ und endlich dem § 16 einen Abs. 3 hinzuzufügen, dahingehend „die Vorschrift des Abs. 1 findet

sinngemässe Anwendung auf die nach § 15 Abs. 1 von den Ortsarmenverbänden zu tragenden Kosten".

Bezüglich der Kostenvertheilung vergl. meine Ausführungen auf den Seiten 38—40.

§ 17.

Die Kommunalverbände haben für die Ausführung der Zwangserziehung und für die Verwaltung der von ihnen errichteten Erziehungs- und Besserungs-Anstalten Reglements zu erlassen.

Dieselben bedürfen der Genehmigung der Minister des Innern und der geistlichen, Unterrichts- und Medizinal-Angelegenheiten in Betreff derjenigen Bestimmungen, welche sich auf die Aufnahme, die Behandlung, den Unterricht und die Entlassung der Zöglinge beziehen.

In Betreff der Privatanstalten behält es bei den bestehenden Vorschriften sein Bewenden.

Zu § 17 Abs. 3 vergl. S. 42/43 und besonders Anm. 39.

§ 18.

Die gesetzlichen Bestimmungen über die religiöse Erziehung der Kinder finden auch auf die in diesem Gesetze geordnete Zwangserziehung Anwendung.

§ 19.

Wenn schulpflichtige Zwangszöglinge der öffentlichen Volksschule ohne erhebliche sittliche Gefährdung der übrigen die Schule besuchenden Kinder nicht zugewiesen werden können, so hat der Kommunalverband dafür zu sorgen, dass diesen Zwangszöglingen während des schulpflichtigen Alters der erforderliche Schulunterricht anderweitig zu Theil wird. Im Streitfalle entscheidet über die vorliegende Frage der Oberpräsident.

Zu § 19 vergl. Note zu § 10 Abs. 2. — Zwangszöglinge dieser Art würden am besten in staatlichen Anstalten untergebracht werden; vergl. Anm. 36 auf Seite 41.

§ 20.

Die zuständigen staatlichen Aufsichtsbehörden der Kommunalverbände und in höherer Instanz der Minister des Innern haben die Oberaufsicht über die zur Unterbringung von Zöglingen getroffenen Veranstaltungen zu führen; sie sind befugt, zu diesem Behufe Revisionen vorzunehmen.

Zu § 20. In England giebt es zur Wahrnehmung der Oberaufsicht und der Revisionen besondere Inspektoren; eine Einrichtung, die sich auch bei uns sehr empfehlen würde.

Hinter § 20 dürfte ein Paragraph einzuschieben sein, in welchem diejenigen Bestimmungen des Gesetzes anzuführen wären, welche auf die Fälle, in denen gemäss § 56 Abs. 2 R.Str.G.B. der Angeschuldigte in eine Erziehungs- oder Besserungsanstalt gebracht werden soll, entsprechende Anwendung zu finden hätten — vergl. S. 18/19.

§ 21.

Wer, abgesehen von den Fällen der §§ 120, 235 des Strafgesetzbuchs, es unternimmt, einen Minderjährigen, gegen den die Zwangserziehung eingeleitet ist, dieser zu entziehen, oder ihn zu verleiten, sich der Zwangserziehung zu entziehen, oder wer ihm hierzu vorsätzlich behülflich ist, wird mit Gefängniss bis zu zwei Jahren und mit Geldstrafe bis zu Eintausend Mark oder mit einer dieser Strafen bestraft.

Zu § 21. Die Nothwendigkeit, besondere Strafbestimmungen zum Schutze der Zwangserziehung aufzustellen, damit gegen die Entführung aus der Zwangserziehung sowie gegen Anstiftung und Beihülfe zum Entweichen aus der Zwangserziehung strafrechtlich vorgegangen werden kann, ist nicht zu bestreiten; denn nach der zutreffenden Entsch. des Reichsger. in Strafsachen Bd. 15 S. 39 findet die Strafbestimmung des § 121 R.Str.G.B. auf Erziehungsanstalten keine Anwendung und die Strafbestimmung des § 235 R.Str.G.B. hat sich in vielen Fällen nicht als ausreichend erwiesen.

Ich will hier auf die nicht unbedenkliche Fassung der vorgeschlagenen Strafbestimmung, insbesondere die Verwendung des juristisch zweifelhaften Begriffs „Unternehmen" nicht weiter eingehen. Ich möchte nur darauf hinweisen, dass die Badische Polizeistrafgesetz-Novelle vom 8. Juni 1894 (§ 71b) sowie das Württemberg. Gesetz über die Zwangserziehung vom 29. Dez. 1899 Art. 23 für dasselbe Delikt, für welches hier Gefängniss bis zu 2 Jahren und Geldstrafe bis zu 1000 Mark angedroht wird, nur Haft- oder Geldstrafe zulassen. Das Delikt wird also in diesen Staaten als „Uebertretung“ behandelt, während es in Preussen ein „Vergehen“ sein würde. Eine solche Verschiedenheit in strafrechtlichen Bestimmungen zwischen den einzelnen Bundesstaaten erscheint mir doch recht bedenklich. Glaubt die Preuss. Staatsregierung, dass die Androhung von Haft oder Geldstrafe nicht ausreicht, so dürfte es sich empfehlen, die Sache im Wege der Reichsgesetzgebung gleichmässig für alle Bundesstaaten zu regeln.

Sehr gerne hätte ich eine Strafbestimmung in dem Entwurfe gesehen, wie sie Art. 81 des Polizei-Strafgesetzbuchs für Bayern vom 26. Dez. 1871 gegen Eltern und Erzieher gibt, welche schuldhaft Kinder verwahrlosen lassen. Der cit. Artikel lautet:

> „Wer ihm angehörige oder anvertraute Kinder, Kranke, Gebrechliche, Blödsinnige oder andere dergleichen hilflose Personen in Bezug auf Schutz, Aufsicht, Verpflegung oder ärztlichen Beistand verwahrlost, wird an Geld bis zu 90 Mark oder mit Haft bis zu 4 Wochen bestraft.“

Die Bestimmung in § 361 Nr. 9 des R.Str.G.B. genügt zum Einschreiten gegen schuldhafte Verwahrlosung entschieden nicht, und es wäre wünschenswerth, wenn in dem preuss. Entw. des Ges. über die Zwangserziehung Minderjähriger eine, der bayrischen Strafbestimmung ähnliche Bestimmung noch aufgenommen würde.

§ 22.

Der Minister des Innern ist mit der Ausführung dieses Gesetzes beauftragt.

§ 23.

Dieses Gesetz tritt mit dem . . . . in Kraft.

Mit dem gleichen Zeitpunkte wird das Gesetz vom 13. März 1878, betreffend die Unterbringung verwahrloster Kinder aufgehoben.

Zu § 23. Die Herrenhaus-Kommission hat als Zeitpunkt des Inkrafttretens des Gesetzes den 1. April 1901 vorgeschlagen.

Die Herrenhaus-Kommission will einen Abs. 3 hinzufügen, dahin lautend:

„Kommunalverbände, welche zur Zeit des Inkrafttretens dieses Gesetzes über geeignete Anstalten nicht in ausreichendem Masse verfügen, sollen bis zum 1. April 1903 bei der Unterbringung der Zöglinge den im § 10 Abs. 1 dieses Gesetzes ausgesprochenen Beschränkungen nicht unterliegen.“

Vergl. bezügl. dieses Zusatzes meine Ausführungen auf S. 43/44.

Druck von Otto Walter in Berlin S.

FSC
www.fsc.org
MIX
Papier | Fördert
gute Waldnutzung
FSC® C083411

Kolibri 360 GmbH
Ferdinand-Jühlke-Straße 7
99095 Erfurt, Deutschland
produktsicherheit@kolibri360.de